AF502779

AVESNES

Feuilles d'avant la Tourmente

Dans la tranchée intellectuelle ;
Ames et figures militaires.

LIVRES DE SOLDATS COLONIAUX ;
LES LEÇONS DU BAILLI DE SUFFREN ;
L'AMIRAL GERMINET.

Deuxième édition

LIBRAIRIE PLON

Il a été tiré de cet ouvrage :

100 exemplaires sur papier des manufactures impériales du Japon, numérotés de 1 à 100.

FEUILLES
D'AVANT
LA TOURMENTE

DU MÊME AUTEUR, A LA MÊME LIBRAIRIE

La Vocation. Roman. Un volume in-16 . . . . . . 3 fr. 50

(Grand Prix du roman décerné en 1916 par l'Académie française.)

Journal de bord d'un aspirant. Un vol. in-16. 3 fr. 50

(Couronné par l'Académie française, prix Montyon.)

En face du Soleil Levant. (Essai sur l'Extrême-Orient contemporain.) Un volume in-16 . . . . . 3 fr. 50

Feuilles d'avant la tourmente. Dans la tranchée intellectuelle; âmes et figures militaires. (Études, critiques, portraits.) Un volume in-16 . . . . 2 fr.

LIBRAIRIE PERRIN :

Contes pour lire au crépuscule. Un vol. in-16. 3 fr. 50

PARIS TYP. PLON-NOURRIT ET Cie, 8, RUE GARANCIÈRE. — 22216.

AVESNES

FEUILLES

D'AVANT

LA TOURMENTE

DANS LA TRANCHÉE INTELLECTUELLE

AMES ET FIGURES MILITAIRES

PARIS

LIBRAIRIE PLON

PLON-NOURRIT ET Cie, IMPRIMEURS-ÉDITEURS

8, RUE GARANCIÈRE — 6e

1917

A LA GLOIRE

DE L'OFFICIER, DU SOLDAT,

DU MARIN FRANÇAIS

PRÉFACE

« Tu tiens sans propos beaucoup de bons propos. » — Cette réflexion du vieil Amyot m'obsède, tandis que je rassemble et relis ces feuillets ouvrés durant les jours qui précédèrent l'orage. Alors, certes, je tenais sans propos beaucoup de bons propos. Je le vois mieux aujourd'hui, et cette vue me console. J'ai fait, dans mon humble mesure, ce que j'ai pu, comme j'ai pu, quand il fallait.

L'attention publique ne m'encourageait pas, en général, je dois le dire. Tant pis.

Avant la lutte par l'épée, c'était la lutte par la plume. A présent, je m'applaudis de ces efforts que, plus d'une fois, j'ai fournis presque dans l'isolement, avec lassitude, avec l'impression écœurante, déprimante du cri inutile…

Avant la tranchée qui garde le sol, j'ai connu l'autre, celle où l'on défend le patrimoine d'idées vital pour une race, pour la permanence d'un pays.

Chers directeurs, chers amis, qui m'avez assisté, qui m'avez ouvert vos colonnes et vos pages, merci de toute la force, de toute la violence de mon cœur. L'actualité qui vous est chère, la voici dans son horrible certitude. Vous la contemplez avec moi. Deux d'entre vous, il est vrai, ont déjà quitté la vie. Ma pensée pieuse et reconnaissante les suit au delà de ce monde, gardant un gré infini de leur hospitalité, de leur accueil.

Plus tard, si Dieu me permet quelque jour de reprendre la plume, quand l'épée aura terminé son labeur, je me retrouverai, j'espère, aux côtés de ceux qui restent, et dont, en maintes occasions du combat des intelligences, j'éprouvai jadis la sympathie sûre.

Maintenant, j'estime que le silence s'impose

à moi... Je pense que, pour une foule de raisons, l'heure de parler, de bien parler de la guerre, d'en parler exactement, n'est pas venue. Des peintures artificielles le plus souvent, conventionnelles, peuvent satisfaire la fringale de lecteurs impatients qui, assis dans leur fauteuil, cherchent à se représenter l'action... Mais les vrais marins, les vrais soldats, je dirai même les vrais artistes, ne s'y trompent point. Dans ces heureuses et trop faciles spéculations de librairie, ils ne rencontrent qu'une déception qu'ils m'ont fréquemment confiée. Le moment arrivera où ces essais pourront être tentés avec sincérité. Pour l'instant, ce qu'il faut, c'est non plus écrire, mais combattre, combattre jusqu'au bout...

Si l'on veut se figurer notre officier, notre soldat, notre marin, on peut se contenter, en somme, en regardant ceux d'hier. Ceux d'aujourd'hui leur ressemblent vraiment tout à fait. On a cru découvrir un soldat nouveau parce qu'on ignorait l'ancien. Si l'on veut absolument qu'une France meilleure soit née en 1914, on retrouve, pour me servir de la frappante expres-

sion de René Bazin, les traits d'un ancêtre lointain, en se penchant sur le visage de cet enfant au berceau.

Cet ancêtre est-il si lointain, en vérité? Non. On s'en apercevra peut-être en parcourant les quelques pages qui suivent. Quand elles furent tracées, elles avaient pour objet de rendre certains aspects, certains accents profonds et durables de la vie militaire, certaines physionomies de Chefs et de Serviteurs. Si on les compare à ce que nous révèle quotidiennement la chronique intime de nos armées et de nos escadres une identité indéniable s'affirme.

Y a-t-il une France d'hier et une France d'aujourd'hui? Y aura-t-il même une France de demain très différente du pays que nous avons connu, et que nous dépeint l'Histoire. Je ne sais trop. Ce que je sais, c'est qu'il y a une France de toujours. — Heureusement. Et il nous appartient de la maintenir.

Avesnes.

Avril 1916.

LIVRES

DE SOLDATS COLONIAUX

DE BORRELLI A BARATIER

Si l'Angleterre peut s'enorgueillir à bon droit du très grand écrivain, de l'incomparable artiste qu'est Rudyard Kipling, il faut convenir en toute justice que l'empire colonial anglais et ses artisans ont bénéficié d'une façon peut-être excessive d'un aussi merveilleux agent de publicité. Les Strickland et les Mulvaney ont été imposés à des admirations enchaînées au prestige du conteur. Parce que ces types de l'énergie britannique nous étaient présentés avec art, ils nous semblaient vraiment très forts, si forts que certains de nos compatriotes se refusaient à leur connaître des équivalents chez nous. Rien, mieux que cette opinion, ne peut prouver la puissance, en même temps que la duperie, du procédé littéraire.

Mais voici que parle à son tour un officier anglais. Il dit au commandant Baratier, entre Khartoum et Fachoda : « Si l'Angleterre avait les soldats et les officiers que possède la France, toute l'Afrique lui appartiendrait depuis longtemps. » — « Cette phrase n'était pas une banale consolation jetée aux vaincus que nous étions ; je ne pouvais douter de la sincérité de l'accent avec lequel elle était prononcée » (1). Pourquoi sommes-nous plus injustes que ce chevaleresque adversaire ? C'est qu'il connaissait ces officiers et ces soldats. Nous autres, nous les ignorons.

Le succès de *A travers l'Afrique* a sans doute commencé à dissiper cette honteuse, cette inavouable ignorance. Mais l'admi-

(1) Lieutenant-colonel Baratier, *A travers l'Afrique*. (Fayard.)

rable livre du colonel Baratier n'est que le couronnement de toute une œuvre insuffisamment connue, curieuse pourtant, par endroits très belle, toujours mouvementée et vivante, exacte d'observation, haute d'inspiration et de philosophie, sur laquelle je voudrais insister aujourd'hui. Nombreux sont les livres écrits par ceux qui peuvent se dire « coloniaux » à divers titres : résidents civils, administrateurs, colons, missionnaires, ingénieurs, marins, etc., etc. Chaque profession marque fortement son caractère distinct, envisage les choses de son point de vue et selon ses moyens d'investigation. Je ne m'occuperai ici que des militaires, de la mentalité et de la vision qu'ils ont rapportées de leur vie dans ces colonies où ils ont servi et qu'ils ont conquises à la France.

Les volumes de vers du vicomte de Borrelli, capitaine à la Légion étrangère, les poésies du capitaine de Planhol, mort au

Soudan; le *Journal d'un spahi au Soudan*, par le sous-officier Lautour, devenu lieutenant Lautour, misérablement lapidé à Lens, en 1906, au cours d'une grève; les Souvenirs de campagne du soldat Silbermann, *Dix ans dans l'Infanterie de marine, Cinq ans dans la Légion étrangère;* deux romans qui furent remarqués à leur apparition dans la *Revue de Paris, Hiên le Maboul* et *les Aïeux et les Vivants,* dus à la plume d'un lieutenant de tirailleurs annamites, Émile Nolly; les ouvrages du colonel Péroz et enfin *A travers l'Afrique,* du lieutenant-colonel Baratier, m'ont paru les œuvres les plus propres à faire ressortir, à définir leurs caractères, leurs dons et leurs ressources à tous, à différents degrés de la hiérarchie. Mais de ces œuvres il y a une infinité. Le cadre, forcément restreint, d'un article oblige à se borner. A mon regret, je n'ai pu y comprendre l'héroïque colonel de Villebois-Mareuil, dont les lecteurs du *Correspondant* purent goûter maintes fois le talent : son nom témoigne que la tradition de générosité et de bravoure n'est jamais interrompue chez nous; mais, par un contraste assez singulier, sa verve d'écrivain, en dépit de sa vie lointaine, s'exerça principalement, à ma connaissance, sur des sujets empruntés à la vie de la métropole. Il n'en reste pas moins l'un des représentants les plus illustres de cette catégorie d'hommes qui savent à la fois bien combattre et finement sentir. C'est l'un des traits remarquables de notre sujet : la vie rude de ces militaires ne détruit pas leur sensibilité. Planhol dira « qu'il sait des chants de guerre et des plaintes de femme ». Et inversement leur sensibilité ne diminue en rien leur énergie physique et morale. Je défie que l'on trouve dans Kipling des aventures surpassant en difficulté, en courage, les sièges de Tuyen-Quan ou de Niagassola, l'ambassade de Péroz chez Samory, la traversée du Marais par Baratier, et Kipling n'a point exprimé non plus, avec plus de souffle épique ni de réalité poignante que certaines poésies de Borrelli, l'âpre beauté et aussi les amertumes du métier de soldat; il n'a point exprimé l'âme indigène avec plus de finesse que Nolly. La finesse, voilà ce qui distingue ces Français de l'écrivain anglo-saxon. Certes, pas un ne possède sa puissance laconique, cet art d'évoquer et d'imprimer en nous, par des traits brefs, durs, saisissants, une physionomie ou une scène. Mais, somme toute, quel parti pris de brutalité, de sécheresse et de mépris! quel fatigant humour, assez souvent médiocre et obscur! quelle certitude de la supériorité britannique! La foule indigène apparaît, poussée à coups de fouet à travers ces livres, comme la chasse devant lui l'inspecteur de police le jour du Mohurrum.

Penchés sur cette foule avec une sollicitude sympathique, un mélange de scepticisme et de foi, de patience, moins de morgue et d'idées préconçues, combien les nôtres sont plus analystes, recueillent des sentiments et des nuances inaperçus par Kipling. Au lieu de la distance affectée par l'Anglais, quel effort incessant pour se rapprocher de l'homme noir ou jaune, se mettre à sa portée, deviner ses délicatesses, sa culture, chercher à se l'acquérir, quel rêve perpétuel, — et, si c'est là une utopie, avouons que c'est une belle utopie, de vaincre par l'intelligence, par l'ascendant moral autant que par les armes! Cela, non pas par faiblesse, mais parce que, chez le Latin, la suprématie purement matérielle semble incomplète. Il est trop intelligent, trop instruit, trop idéaliste pour limiter là son ambition.

Les Mulvaney, les Ortheris et leurs chefs, malgré leurs frissons celtiques et leurs puériles sentimentalités de passage, nous apparaissent plutôt comme des esprits simples, assez orgueilleux, mais naïfs et peu meublés. Tout autre est notre soldat français. Du chef au troupier, l'ambition de savoir, de comprendre, de raisonner l'anime. Il est bien le fils de ceux qui parcoururent l'Europe avec des classiques dans leur sac. Aux heures de sieste ou d'isolement, tandis que l'Anglais boit ou se plaît à des racontars de mess ou de chambrée, notre compatriote prend volontiers un livre et le commente à l'aide de sa vie et de ses observations propres. Cela peut faire sourire parfois. Certes, le brave Silbermann abuse des citations et des sentences; mais comment oublier le ressort incroyable qu'il en tire quand il lui faut marcher le ventre vide? La compréhension plus parfaite de l'indigène est aussi un des résultats de cette curiosité et de cette culture. Elle amène un Émile Nolly à utiliser des soldats comme Hiên le Maboul que de moins psychologues rejetteraient dédaigneusement et brutalement. Elle sert à un Péroz aux abois dans Niagassola ou anxieux de réduire l'insaisissable Dé-Tham. Elle est l'arme souveraine quand toutes les autres se révèlent insuffisantes; en définitive c'est elle qui, ajoutée à la valeur militaire et à l'audace, a permis aux nôtres de réussir en des entreprises où un Anglais moins délié, plus raide et moins instruit eût succombé. Et quels spectacles charmants elle occasionne : Borrelli, l'un des héros de Tuyen-Quan, acteur dans l'un des faits d'armes les plus mémorables de notre époque, reçoit le prix de poésie à l'Académie française. Baratier, intrépide éclaireur de cette aventure immortelle qu'est la mission Marchand, vainqueur des Herbes et du Marais, lit Sénèque, songe à Montaigne. Magnifiques hommes, en vérité, si l'on réfléchit à ce qu'ils unissent de dons divers. Leurs actes, ce sont les conquêtes, — l'un d'eux dit les épopées — soudanaise et tonkinoise, la traversée de l'Afrique de part en part avec une poignée d'hommes.

Je vais chercher, passant leurs œuvres en revue, à donner idée de leurs facultés, parfois si grandes, d'écrivains, de la magnifique qualité de leurs âmes, de leur stoïque philosophie.

BORRELLI (1)

Sans doute n'est-il pas complètement oublié. Étincelant de verve, abondant de conversation, il charma le Jockey-Club dont il fut membre assidu, le boulevard, les gens de lettres, les artistes, les sociétés très diverses qu'il fréquenta. Ses épigraphes mêlèrent les noms d'Aumale, Galliffet, Vogüé, Harcourt, Kergorlay à ceux d'Alexandre Dumas fils, Hérédia, Bartet, Anatole France, — ô ironie! l'Anatole France nationaliste de ce temps-là qui reçut en apanage une « chanson de route »,

(1) Vicomte de Borrelli, *Rana, Arma, Rimes d'argent, les Dactyles, Avant le silence.* — Théâtre : *Alain Chartier.* — Critique : *Agrippa d'Aubigné,* l'homme et l'œuvre. (Lemerre.)

— de Coppée qui préfaça *Avant le silence*, dernière œuvre de Borrelli, de Sardou auquel fut dédié le délicat croquis intitulé : *Picpus*.

L'herbe y pousse parmi les cyprès. — C'est ici.
. . . .
Parlez-y peu, de grâce, et bas de préférence,
Et ne rêvez pas trop! Sinon, dans un moment,
Votre œil, fouillant le sol, les verrait vaguement,
Seigneurs, dames, prélats, grands vieillards, beautés
[frêles...

Alain Chartier, pièce en vers, fut jouée avec succès à la Comédie-Française. Le « doyen des capitaines de France », soldat toute sa vie, trouva le moyen de lire prodigieusement. Sous-lieutenant en Italie, capitaine en 1870, plus tard officier à la Légion étrangère, ce vétéran qui a guerroyé en Europe, en Afrique, en Asie, déconcerte par son érudition et la variété de ses motifs. D'un enclos normand il passe au Japon pour peindre un effet de neige: plus loin il évoque la jungle ou l'Algérie.

La chronique scandinave, mérovingienne, médiévale, le romancero, Shakespeare, une ballade de Heine, une statue élevée à Du Bellay, un geste de Benvenuto Cellini, un madrigal à une dame, une stèle chaldéenne et la Légende dorée lui sont également matière à poésie. Son indépendance, sa fantaisie et aussi sa véritable culture le garantissent généralement des écueils et lui fournissent des remarques imprévues, amusantes.

Mais si curieuses que soient ses glanes livresques, elles sont inférieures à ses impressions vécues, habiles à capter les quelques traits profonds d'une scène, d'un pays, d'une race. Voici, par exemple, après la victoire, un combattant novice qui regarde autour de lui :

Il s'agit de ces morts, en nombre fabuleux;
J'en voulus voir beaucoup, — je sortais de l'école, —
Les nôtres, presque tous, avaient sur le visage
Un mouchoir, très souvent à carreaux de couleur
C'est un devoir rendu, sommaire, et c'est l'usage

Il faut bien un linceul : ce linge était le leur.
Il en est dont la tête, ainsi demi-drapée,
Semble tout uniment s'abriter du soleil :
Le corps n'est point raidi, la main n'est pas crispée;
— Mais le pouce, infléchi, souligne ce sommeil.
Et malgré soi, chez tous, on cherche cette chose :
La place où fut le coup, — ce coup qui fait mourir;
Puis, quand on a trouvé, la question se pose
De deviner si l'homme a dû beaucoup souffrir.

Les touches sont naturelles et justes, sans rien qui sente l'art de convention. Borrelli peint la guerre comme Stendhal ou Tolstoï, en homme qui l'a faite. De même, la notation des pays qu'il a parcourus est souvent originale et contient des expressions significatives, qui suggèrent, soit l'aspect, l'impression d'une contrée, soit les silhouettes, les gestes, les mentalités des habitants, littéralement dressent choses et gens devant l'œil du lecteur. Voici, par exemple, le désert qui gémit sous la bise :

Dans le Souf, où le vent incessamment charrie
La dune, dans la nuit on entend quelquefois
Sangloter du désert la lamentable voix
Disant : « Quand donc serai-je à mon tour la prairie?

L'Arabe, habitué à l'espace illimité des sables, noble d'attitude, faux de caractère :

Si l'Arabe vous dit : « C'est tout près, à deux pas. »
Ayez un bon cheval. S'il dit : « C'est un voyage,
Mais court. » De vivres secs bourrez votre bagage.
Si l'Arabe vous dit : « C'est loin. » Ne partez pas.

. . . .

Il n'est pas bon, l'Arabe; il est menteur, voleur,
Pis encore au besoin; jamais il n'est vulgaire.
Où cela se voit bien, c'est au conseil de guerre :
— « Dieu l'a voulu; c'est vrai que j'ai fait un malheur. »
« Moi, j'ai bu la colère! Ayant la barbe grise. »
« Tu sais, mon colonel, que c'est Dieu le plus fort! »

L'imagerie d'Épinal, le cliché admis et inexact révoltent Borrelli : pourquoi s'obstine-t-on à représenter le cavalier arabe à un furieux galop de fantasia? Le plus souvent, « l'Arabe cavalier va l'amble. Il a le temps. » Et la femme d'Orient? « O le beau mot trompeur! » Le poète nous dépeint ses haillons, son regard de bête effarouchée :

Mais qu'elle est noble aussi, parfois, à son insu!
Et qu'on prend en pitié nos malsaines chloroses
A voir, hanchant un peu sous l'outre, se croiser
Les filles de Stitten qui, le soir, vont puiser
Au filet d'eau caché parmi les lauriers roses.

La langue est toujours simple chez ce soldat : l'intérêt et l'émotion naissent du fond plutôt que de la forme, d'un rapprochement inaccoutumé, d'une vision vaste ou neuve, d'une sensation inédite, exprimés sans détours et sans recherche, plutôt que d'une prosodie surprenante. Son vers est très varié cependant. Quand le sujet s'élève, — dans *Légion étrangère*, par exemple, que l'on lira plus loin, dans beaucoup des pièces du recueil intitulé *Arma*, — son souffle l'emporte. Certainement, parfois, l'auteur s'est appliqué ; d'autres fois, moins ; entraîné par l'action ou le récit, il n'a eu qu'un souci insuffisant de son verbe. Cependant, cette langue simple, par instants presque puérile, nous touche par là même. Elle possède le secret de faire partager au lecteur l'action qu'elle raconte, de lui faire vivre ce qu'il lit, au moyen d'effets brefs, soudains, qui enferment tout un monde de sensations devinées et refoulées. Le sonnet *Ordre* (dans *Arma*) est demeuré fameux : il commence par la riante description d'un village, sous des bambous frémissants, près d'un lac qui reflète la vie heureuse et paisible, puis la pièce se termine brusquement, sans autres commentaires, par les mots farouches : « Je l'ai brûlé. » Rien ne dirait mieux que cette brièveté brutale la pitié éprouvée et dominée par un sentiment supérieur, celui d'obéir à l'Ordre, la sensibilité vive, mais pliant sans murmurer, sans vouloir même raisonner, sous la discipline, sous les dures et nécessaires lois de la guerre. Une autre fois c'est à Tuyen-Quan, la nuit, sur le rempart. Il pleut; la terre est gluante; « l'odeur fade des morts arrive par la brèche ». « On sent venir l'assaut », mais le poète, exténué, est engourdi dans un demi-sommeil; il rêve, tandis que des jurons et des plaintes partent des alentours :

> D'un nid tout plein de chères choses
> Où flotte le parfum d'une femme et des roses,
> Où des tapis profonds assourdissent les pas.

Soudain une clameur. Réveillé en sursaut, c'est le capitaine, cette fois, qui rugit : « Les voilà, tirez bas. »

Voit-on maintenant cette opposition si curieuse, que je signalais au début, entre une sensibilité, souvent une sensualité, fine, délicate, profonde et la rudesse d'une vie de soldat ?

Les heurts sur l'écorce n'ont point atteint le cœur. Borrelli a aimé comme un routier, c'est-à-dire comme un enfant. Il n'y a que ces prétendus pervertis, ces reîtres, terreur du monde, pour nourrir d'étranges naïvetés et d'incroyables illusions. Mais ce qu'il a aimé par-dessus tout, ce sont ses hommes et quand il a dit cet amour il a été très grand. Il a peint notre troupier « mal habillé, mal coiffé, mal chaussé, seulement avec, dans le rang, un éclair à la hauteur des yeux (1) ».

Tourné vers le côté d'où le péril viendra
Il lui jaillit du cœur trois mots : Quand on voudra!

Il a montré son enthousiasme, quand « pieds et mains saignants, crevés d'ampoules », ce fantassin est parvenu au sommet de l'Aurès (2), sa vaillance égale à toutes les tâches même folles, même impossibles. Dans *Trente ans de guerres* (3), il a présenté sa vieillesse bon enfant, désœuvrée, parfois un peu amère parce qu'ayant beaucoup vu elle juge de haut, événements, hommes et choses, et pense qu'en somme ce métier, encore aimé, fut un métier de dupe. Ce sont les souvenirs de ce métier qui pourtant, à l'entendre, donnent au vieux soldat une jouissance parti-

(1) *Rimes d'argent*, Acies.
(2) *Arma, Altum ab altis.*
(3) *Avant le silence, Trente ans de guerres.*

culière de la vie la plus banale. En nous livrant le secret de sa consolation, il nous a découvert en même temps l'un des principaux attraits de sa littérature à lui, Borrelli :

La moindre chose, un rien, l'emporte aux antipodes.
Il ne peut pas cueillir un brin d'herbe en chemin
Sans se revoir, flâneur, entrant dans les pagodes
Un grand lotus de pourpre ou de neige à la main.
Et, chasseur matineux, il s'arrête à l'orée
Du bois noir dont la cime à peine est éclairée;
S'il entend, dans l'air pâle avivé de frissons,
Monter des seigles mûrs ou jaillir des buissons
Le rappel de la caille ou le sifflet du merle,
Son rêve rebondit au cœur des pays fous
Quand, loin des bords connus où l'Océan déferle,
Il voyait émerger d'un énorme remous
Ou marcher dans la jungle à pas pesants et mous
L'hippopotame rose ou l'éléphant gris perle.

Le soldat que Borrelli a préféré entre tous, c'est naturellement celui qu'il a commandé le plus longtemps, avec qui il se sent en complète harmonie, grâce à qui il a accompli ses plus mémorables faits d'armes, le soldat

nu, affamé, sans feu ni lieu, ni espérance

de la Légion étrangère. Il faut lire entièrement le plaidoyer épique (1) où il défend leur mémoire et immortalise par de magnifiques vers ceux d'entre eux qui sont tombés à ses côtés :

A MES HOMMES QUI SONT MORTS

Mes compagnons, c'est moi; mes bonnes gens de guerre,
C'est votre chef d'hier qui vient parler ici
De ce qu'on ne sait pas ou que l'on ne sait guère;
Mes morts, je vous salue et je vous dis : Merci!

. . . .

Dormez dans la grandeur de votre sacrifice.
Dormez, que nul regret ne vienne vous hanter;
Dormez dans cette paix large et libératrice
Où ma pensée en deuil ira vous visiter!

Je sais où retrouver, à leur suprême étape,
Tous ceux dont la grande herbe a bu le sang vermeil,
Et ceux qu'ont engloutis les pièges de la sape,
Et ceux qu'ont dévorés les fièvres, le soleil;

Et ma pitié fidèle, au souvenir unie,
Va, du vieux Wünderli qui tomba le premier,
En suivant une longue et rouge litanie,
Jusqu'à toi, mon Streibler, qu'on tua le dernier!

(1) *Armo*, Légion étrangère.

D'ici je vous revois, rangés à fleur de terre,
Dans la fosse hâtive où je vous ai laissés,
Rigides, revêtus de vos habits de guerre
Et d'étranges linceuls faits de roseaux tressés.

Les survivants ont dit — et j'ai servi de prêtre! —
L'adieu du camarade à votre corps meurtri;
Certain geste fut fait, bien gauchement peut-être :
Pourtant je ne crois pas que personne en ait ri!

Mais quelqu'un vous prenait dans sa gloire étoilée
Et vous montrait d'en haut ceux qui priaient en bas,
Quand je disais pour tous d'une voix étranglée
Le *Pater* et l'*Ave* que tous ne savaïent pas!

Compagnons, j'ai voulu vous parler de ces choses
Et dire en quatre mots pourquoi je vous aimais :
Lorsque l'oubli se creuse au long des tombes closes,
Je veillerai du moins et n'oublierai jamais.

Certes la conscience de ce chef de bandes n'est pas exempte de peccadilles, et ceux qui se rappellent sa physionomie ne sont pas sans évoquer certaines trivialités. Par tout cela, il ressemblait aux grands aventuriers de jadis qui, sur le tard, s'abandonnaient à la miséricorde de Dieu. Son dernier volume, *Avant le silence,* s'attarde aux légendes qui attestent l'indulgence du Souverain Juge pour les cœurs restés confiants malgré les traverses d'une vie mouvementée. *(L'Intérim, Comment le diable devint vert, Pénitence.)*

Par son œuvre et par sa vie, par ses qualités et par ses défauts, Borrelli s'apparente aux chevaliers errants, aux paladins poètes qui traversèrent, épris de belles passes d'armes et de vers délicats, notre moyen âge. Comme eux, il a parlé d'un ton détaché, badin, presque amical des fins dernières (1) :

Mets ta petite main sur mon cœur. Entends-tu
Ce vilain charpentier qui termine une bière !
Son marteau m'a gêné pendant ma vie entière :
Comme je vais dormir quand il se sera tu.

Il a paré de grâces engageantes le fantôme que nos contemporains cherchent à oublier ou peignent avec horreur et effroi.

(1) *Les Dactyles*, Bruit. (Imité de Heine.)

Il a différé de la plupart des auteurs de son temps par son goût, par son regret, par sa parfaite compréhension de l'époque « où la mort frappait d'assez près pour que le mourant la vît belle et qu'elle vît le mourant sourire! (1) »

(1) *Armo*, préface.

PLANHOL (1)

Pour le capitaine René de Planhol également, « l'ange exterminateur se couronne de roses » et « l'horrible mort s'habille en dame de roman ». Et au premier abord cela nous étonne, car ce brillant officier de cuirassiers jouit d'une vie charmante. Une belle carrière est ouverte devant lui ; il aime son métier et l'agrémente de tout ce que le monde semble offrir de séductions : bals, chasses, fêtes, courses. Et cela dans des cadres délicieux : Paris, salons élégants, châteaux hospitaliers; il sait remercier les maî-

(1) *Poésies,* par le capitaine de Planhol. Préface de François Coppée. (Lemerre.)

tresses de maison d'un madrigal, compose des à-propos en toute occasion d'aimable rencontre et doit être certainement très apprécié des dames. Même il ne nourrit pas sur leur sincérité et ses propres attraits assez d'illusions pour être heureux (1) :

Comme on allait servir le thé
J'ai, sur l'art et la vérité,
Risqué des phrases de concierge.
Un regard fluide et changeant
Filtrait comme un rayon d'argent
A travers ses longs cils de vierge.

Ce sceptique a épuisé les aspects de notre vie raffinée, nos livres, notre éclectisme. Il goûte Clairin et Troyon, sait dire l'art égyptien qui d'

un trait naïf, mais sûr, a donné dans l'argile
Au semeur, au portier, même au chasseur agile
Un geste hiératique et pourtant naturel.

Il compose des sonnets sur le Colisée; il imite Méléagre et il commente Platon.

(1) *Le Soir des Rois.*

Malgré tout cela ou précisément à cause de tout cela qui ne le satisfait pas, il rêve d'action. Il écrit : « Rien n'est beau, rien n'est grand hormis la volonté. » Il s'attriste de sa vie trop facile et de son oisiveté :

Mon cœur est aujourd'hui dans une paix profonde
Comme un champ de blé mûr au grand soleil d'été,
Comme un lac vierge et froid où la nuit dort sous l'onde,
Comme une harpe d'or qui n'a jamais chanté.

Il se livre à des constatations de ce genre : « Je ne justifie pas ma situation. J'ai été un bon élève, voilà tout; cela ne fait pas un homme. J'ai besoin de me voir dans ces circonstances où la volonté et le sang-froid ont les premiers rôles, alors je me jugerai. » Il souffre d'autant plus que, par principe, à l'inverse de beaucoup, de la plupart des poètes, il renferme sa souffrance en lui-même :

Ne crois pas qu'il soit bon, ni qu'il soit légitime
D'épancher ton chagrin même au cœur d'un intime.

De son plus cher trésor, quel avare a parlé?

. . . .

Sache pleurer sans bruit, orphelin, mère ou veuve,
La belle et chaste mort t'en saura gré pour eux.

Plus jeune, il s'est exalté sur l'espoir de batailles futures, à la frontière de l'Est (*Adieux à Saumur*, *Un soir au camp de Châlons*). Il a prié saint Georges pour ce jour-là :

Fais que nos bons chevaux, d'un galop vite et sûr,
S'allongent, en prenant leur appui sur la bride.

La revanche ne vient pas. Désespérant de la voir jamais, Planhol change sa cuirasse contre un dolman de spahi. Désigné pour faire partie de l'expédition que le colonel Humbert dirige contre Samory, le capitaine affirme à Kayes, causant avec des camarades, « qu'il est tranquille : il mourra d'un coup de sabre. » Sa destinée ne doit pas lui réserver cette joie. La fièvre jaune l'emporte après les premières étapes. Le lieutenant Baratier, célèbre depuis, a recueilli ses derniers soupirs, et nous l'a montré haranguant, jusque dans son agonie, ses hommes, sur la tombe d'un artilleur :

Depuis Tambahkara, le capitaine de Planhol ne tenait debout que par un prodige d'énergie, domptant la douleur, forçant ses nerfs à lui obéir; mais la fièvre le brûlait, ses forces déclinaient. Le pas chancelant, il se traîne pourtant jusqu'au bord de la fosse béante. Son visage est déjà couvert du masque de cire jaune, c'est un mourant qui se penche sur un mort. Mais, soudain, raidi dans sa volonté, il se redresse, et, la voix ferme, sans trembler devant la mort, regardant en face celle qui le guette, en quelques mots il relève les cœurs abattus... A Birou, au pied d'un baobab, nous creusions la sixième tombe. Planhol était mort.

Un enclos entouré de grosses pierres apportées de la montagne voisine entoure cette tombe ; sur la croix qui la surmonte, on a gravé ces vers dont Planhol est l'auteur :

Jusqu'au jour où...
Ayant, comme il convient, porté mon devoir d'homme
Je me coucherai pour mourir.

Fin décevante, mais magnifique commentaire en action de l'œuvre d'un poète déclarant

> mépriser la palme autant que la souffrance.

L'œuvre du poète en elle-même est mince. Le bon François Coppée, qui la présenta au public, confessait que « trop souvent elle semble improvisée en un bouillonnement juvénile », mais elle contient une valeur de symbole et de psychologie caractéristique. Ces vers, gravés sur une tombe, au milieu des plaines arides et des marais du Soudan, offrent une leçon difficile à surpasser en éloquence : celle d'une vie comblée par les plaisirs faciles qui les a dédaignés, animée d'une ambition plus haute. Ils deviennent l'emblème sur lequel se penchent, pour le lire et en être vivifiés, d'innombrables passants.

LAUTOUR (1)

L'UN de ceux-ci s'appelle le maréchal des logis Lautour. Son lieutenant le conduit à la tombe de Planhol comme à un pèlerinage de rigueur pour les conscrits qui passent à Birou. Plus tard, devenu lieutenant à son tour, il aura son heure de célébrité, une célébrité amère et comme dérisoire : au lieu de tomber, selon son vœu, face à l'ennemi, il mourra misérablement lapidé à Lens, en 1906, pendant une grève. Et véritablement, en lisant ce *Journal d'un spahi au Soudan,* où

(1) *Journal d'un spahi au Soudan,* par le lieutenant Lautour, préface du marquis Costa de Beauregard. (Perrin.)

se révèlent la force et la richesse d'une telle nature, on éprouve une sorte de désolation, la désolation sans remède de voir stupidement brisée « par le jeu régulier de nos institutions » une vie si séduisante en promesses. Lautour est le type de ces nombreux jeunes gens qui partent pour les colonies afin d'y conquérir l'épaulette. Le plus souvent bannis des grandes écoles par les chinoiseries de nos examens, assez souvent aussi parce qu'ils refusent de s'y soumettre, ils vont là-bas substituer à l'enseignement sec, abstrait des écoles et des livres, celui beaucoup plus fécond des hommes, de l'existence aventureuse et lointaine, de la nécessité de vivre et de dominer. Ces réfractaires et soi-disant fruits secs ne se montrent point inférieurs à leur tâche. Dans l'isolement d'un poste, ils savent s'occuper, tirer parti de l'indigène, s'acquitter de missions délicates ou pénibles mieux que ne le feraient certains lauréats. Ils font preuve non seulement d'énergie, de courage et d'audace, mais encore de qualités intellectuelles. Ils voient avec acuité et finesse; ils observent; ils comparent; ils réfléchissent. La conversation d'un P. Hacquart ou d'un Copolani leur découvre le secret et le génie de la pénétration française en Afrique. Pour lever l'impôt, obtenir des otages, empêcher les révoltes, instruire et commander leurs spahis, en un mot gouverner dans leur petite sphère, il leur faut connaître les diverses races, discerner leurs rivalités, s'intéresser à leur histoire et à leur religion, apprendre et savoir beaucoup de choses. Enfin, ils content avec entrain et agrément, ce qui nous permet, le journal de l'un d'entre eux à la main, de partager leurs impressions quotidiennes, leurs enthousiasmes, leurs découragements, leurs efforts, leurs simples et parfois touchants plaisirs, puis, pour terminer, le regret qui demeure en eux de cette vie âpre mais prenante. Les voilà, en bande, à bord du paquebot l'*Uruguay* qui les emporte, s'exaltant sur les faits d'armes de leurs aînés, rêvant les colonnes futures qui donneront « la mort ou l'épaulette, l'anémie et la fièvre, parfois la gloire ». Les spectacles de la route les ravissent à mesure : l'entrée dans le Tage, le sablonneux Dakar, les premiers spahis qui débouchent, au trot, dans un tourbillon de poussière. Puis voici la lente remontée du fleuve dans le chaland où l'on grille : un caïman s'étire sur l'argile rougeâtre ; de grands vautours noirs se tiennent immobiles sur les hautes branches sèches d'arbres morts. Puis la brousse « et son éternelle monotonie coupée de quelques baobabs géants ou de rares villages entourés de rizières », les incidents du convoi, enfin, au bout de quatre mois, l'arrivée à destination, au poste de Yélimané, où Lautour vivra deux ans, occupé de chasse, de ses spahis, de l'école des enfants noirs, distrait davantage par la lionne et les deux singes apprivoisés que par les interminables parties de manille de ses compagnons européens. Ce petit village avec ses cases, ses bureaux, ses rues convergentes aboutissant au mirador et à la mosquée, ses rumeurs, ses aspects divers, est joliment noté. Lautour décrit bien, souvent avec des détails originaux et très caractéristiques qui lui appartiennent en propre :

Sur la grande place, les caravanes sont nombreuses, pittoresques, tumultueuses ; les chameaux brament dès qu'on les charge et errent tristement sur trois pattes, la quatrième repliée sur elle-même par une corde, beaucoup ayant la bosse dépouillée, en sang. Les Maures sont assis autour de leurs marchandises : sel ou gomme qu'ils apportent, mil et guinées qu'ils emmènent en échange. Subitement, presque simultanément, dès que le soleil a disparu de l'atmosphère en un globe lumineux qui s'éteint peu à peu, tous se lèvent et se rangent derrière leur marabout pour le Salam : murmurant les paroles du chef, ils font en même temps que lui les mouvements qui accompagnent la prière; les bras en l'air, puis à demi courbés, ils s'assoient sur leurs talons, les genoux en terre, assez longtemps, enfin touchent le sol de leur front et font le simulacre des ablutions. De tous côtes, les musulmans, tournés vers l'Orient, prient de même, puis se relèvent et se dispersent... Jamais je n'en vois courir; lentement, fièrement, gravement, ils déambulent, droits et souples, parlant peu *et leurs yeux seuls restent vifs, pleins de ruse...*

La nuit :

Le ciel est clair, resplendissant d'étoiles très brillantes, serrées, innombrables, se détachant nettement dans tout leur éclat; la lune paraît et jette sur la tristesse du village son étrange clarté : les murs de terre s'illuminent et tranchent vivement sur le noir des parties dans l'ombre; les arbres prennent des allures fantastiques ; le tam-tam accompagne les claquements de mains cadencées, les danses des indigènes. Puis vient le grand silence, puis de nouveaux bruits : des oiseaux s'installent dans les branches en piaillant; des chiens, errant autour des cases, découvrent un os et le font craquer sous leurs dents; des gamins barbotent dans la mare; bien loin, dans la brousse, les hyènes, en quête d'une charogne, commencent leur sabbat avec un rire rauque; le chacal aboie en chassant le petit gibier; parfois le lion rugit... Tout à coup, dans le voisinage, une voix d'homme se fait entendre, très forte, lançant au plus loin des lieux habités l'invocation : Allah! Il Allah! Allah! Un vague murmure de répons flotte dans l'espace, puis de nouveau tout dort en paix.

Il y a dans cet homme habitué à la vie active, aux reconnaissances, à la chasse, une extrême sensibilité, une extrême perspicacité d'œil et d'oreille dont ses descriptions bénéficient : curieuse et, somme toute, bien naturelle répercussion littéraire des qualités professionnelles. D'autres indications intéressantes sont contenues dans ce journal qui ne mentionne pas d'événements extraordinaires ni d'aventures incroyables, mais nous montre de près les physionomies, les événements, les menus rouages de la vie soudanaise, nous fait assister à une rentrée d'impôt, à un soulèvement habilement prévenu et déjoué, à l'arrivée du courrier de France « qui fait tout oublier », à une messe de Noël « qui évoque l'église du village, la paroisse habituelle et imprime aux plus sceptiques un élan de joie », nous introduit chez le singulier personnage, indigène européanisé, qu'est le fama — gouverneur — de Sansanding. Des types défilent : officiers, missionnaires, explorateurs, colons, traitants, boys, griots, Maures, Ouolofs, spahis.

On lira surtout avec intérêt les chapitres intitulés « Deux missions » et « Farabougou » où Lautour fut chef de poste, parce que c'est là qu'apparaissent en germe des qualités de commandement, de décision, de pénétration et d'adresse qui le prédestinaient à devenir un vrai chef, soucieux de sa charge et prêt à en soutenir les responsabilités. Hélas! cette épaulette, gagnée avec énergie et reçue avec tant de joie, n'était que l'avant-goût d'un sort ingrat entre tous. Revenu du Soudan, Lautour allait trouver la mort dans son propre pays et la recevoir de la main d'un Français. Le vicomte E.-M. de Vogüé, dans les admirables *Morts qui parlent,* montrait « ce trésor d'énergie, de dévouement et d'intelligence humaine qui va du Congo à la Chine, où la France peut désormais puiser pour tous ses besoins », constitué par les soldats coloniaux. A-t-il songé, devant le cadavre de Lens, qu'effectivement la France avait tiré Lautour de ce trésor pour le briser ensuite, inutilement, comme un vain jouet?

SILBERMANN (1)

SILBERMANN, lui, n'a point gagné l'épaulette aux colonies. Après quinze ans de campagne, cinq ans dans la Légion étrangère, dix ans dans l'infanterie de marine, il est toujours le soldat Silbermann, décoré de la médaille militaire, il est vrai, orné d'une belle brochette de médailles commémoratives : Algérie, Dahomey, Madagascar, Tonkin, Chine. Il me plaît ainsi, parce qu'il est plus symbolique. Ils sont des milliers comme cela qui, de leurs rudes mains, ont maçonné l'empire colonial dont nous sommes fiers, et vraiment, si

(1) *Souvenirs de campagne*, par le soldat SILBERMANN; lettre-préface du général Galliéni. (Plon.)

l'on sait encore le nom des maîtres, l'on sait trop peu celui des ouvriers. Kipling a fort bien compris ce sentiment pour l'empire britannique, et il a dédié un livre « à ce simple soldat d'infanterie, à cet homme très fort », pierre angulaire de l'édifice. Il faut lire ce livre (1) très brutal, mais très vivant, d'où ressortent, puissamment et durement sculptées, la carrure bestiale, la face sanguine, les énergies, les révoltes, les sentimentalités de Tommy Atkins. Puis l'on prendra le livre de Silbermann et, négligeant le style, l'on comparera les hommes.

Le nôtre n'est pas inférieur en énergie et en bravoure, et combien supérieur en endurance, en discipline, en sobriété, en entrain et en intelligence ! Silbermann, parlant du soldat anglais, qu'il a vu de près en Chine, dit que « c'est une grande

(1) *Trois troupiers*, par Rudyard Kipling, traduction Savine. (Stock.)

poupée mécanique ». Au fait, Kipling dit à peu près la même chose. Seulement il ajoute que, bourré de viande rouge à raison de cinq repas par jour, arrosé de bière et de whisky, commandé par des *gentlemen*, il est irrésistible. Le nôtre l'est aussi, à moins de frais. Puis il garde de ses chefs une conception plus reconnaissante, et qui, somme toute, doit être plus juste. Ortheris, Mulvaney et Learoyd se plaisent à donner des leçons à leurs officiers. Silbermann se plaît à en recevoir des siens. En terminant son livre, il avoue humblement n'avoir pas eu de mérite. Il n'a fait qu'exécuter les ordres de ses chefs. « C'est à eux, lecteurs, que vous devez rendre hommage. » Ces chefs se nomment Galliéni, à qui est dédié le volume, Dodds, Oudri, Villebois-Mareuil, de Beylié, Drude, Fonssagrives, Odry, Mouret, Maitret, Aubé, Vautravers. Les premiers ont percé, à force d'exploits et de services, l'indifférence générale, mais Silbermann souffre que meilleure justice ne soit pas rendue aux autres. Il voudrait les voir connus et honorés dans leur patrie comme ils le méritent. Il faut l'entendre conter les passes d'armes et la vigueur de bras du capitaine Vautravers. A Na-Moun, « sans le capitaine Maitret, on était pris comme dans un filet ». Il faut voir le commandant Fonssagrives causant avec le préfet de Laï-Su-Sien : Il cligne de l'œil, ayant l'air de lui dire : « Vieux malin, tu ne me trompes pas. » Ce ne sont pas seulement des hommes habiles et courageux, ce sont « des savants et des philanthropes ». Ils ont rendu Silbermann « Français de cœur et de persuasion », lui ont donné les préceptes « qu'il écoutait religieusement », surtout le lieutenant Odry, à la discipline, à El Oussek, qui se promenait en break avec lui et lui apprenait « qu'il n'y a pas de succès possible sans une grande persévérance de volonté, lui formait le caractère et lui enseignait à aimer le métier des armes par-dessus tout ». C'est à leur exemple que Silbermann s'instruit et veut à son tour, consciencieusement, nous instruire. Brave Silbermann, qui pourrait lui en garder rancune? Ses rengaines historiques et géographiques sur les colonies nous semblent un peu longues. Il a pensé, — a-t-il eu tort? — que nous les ignorions. Nous lui devons notre pardon en reconnaissance de charmants petits tableaux comme le suivant, qui fait songer à *Tamango*. C'est à Madagascar; la reine Manakona donne aux soldats « une fête chantante et dansante » :

D'un côté, on voyait les guerriers armés de fusils à pierre et de sagaies; de l'autre, les femmes assises qui, parfois, dévoilaient leurs charmes en laissant tomber leurs vêtements jusqu'à la ceinture. Elles chantaient, sur un rythme monotone, avec un parfait ensemble, une poésie nègre que l'interprète, M. Bénévent, traduisait de la sorte : « Le Français est venu, c'est notre ami ; il nous a donné du rhum. Le Sakhalave est courageux ; il boit le rhum du Français. » Ensuite les danseuses exécutèrent une danse gracieuse et originale. Le roi se tenait à côté de la reine, coiffé d'un bonnet de coton, passablement ivre.

Comment ne pas aimer ce carnet de route « que beaucoup commencent, puis piétinent un beau jour de trop dure fatigue ou de trop forte misère », dont les précieux feuillets, écrits par un prodige de volonté, chaque soir, en arrivant à l'étape, « car le lendemain on a déjà oublié », nous sont parvenus par miracle, relatant les pénibles marches dans le sable du Sud algérien, les hôpitaux du Dahomey et de Madagascar, les cheminements à travers la brousse et les marais, après lesquels on évacuait quarante hommes sur soixante-quinze, la construction des routes au Tonkin humide et malsain, les héroïques combats, un contre vingt, en Chine, le rigoureux hiver près des tombeaux impériaux, les villes dont la porte est couronnée de têtes suspendues « qui font la grimace aux arrivants », puis cette journée marquante : du pain mangeable et la ration de vin entière? « On les sustente par la lecture appétissante d'ordres généraux. » Une parole chaleureuse les remonte et les récompense. Ils notent, — qui le croirait? — jusqu'à l'allocution du président de la Chambre des députés : « Nos soldats se sont montrés à la hauteur de tous les sacrifices, de toutes les difficultés, de toutes les espérances, etc... » Les mots sonores gardent un sens pour ces troupiers et agissent sur leurs âmes rudes et saines. Envoyés en colonne pour protéger la voie ferrée d'Han Kéou à Pékin, et réduits à quelques cuillerées de riz, de jeunes soldats vont réclamer verbalement au colonel. « Il leur dit que cette réclamation était indigne d'une arme qui a l'honneur de porter le drapeau français aux quatre coins du monde. » « C'était parfaitement juste et tous les anciens furent d'accord là-dessus. » Toujours à l'avant-garde, « parce que c'est là qu'on agit véritablement », le brave Silbermann est accoutumé à une maigre chère, dont il gémit d'ailleurs. Ce qui lui paraît un comble, « c'est qu'on ne touche pas l'indemnité de vivres pour les jours où l'on ne mange pas ». Il a beau s'extasier sur les délices de l'arrière-garde, il est toujours prêt à repartir pour le « front ». — « Vous tenez donc à vous crever de fatigue », lui dit un jour son capitaine? Le vieux légionnaire répond à cela que « celui qui craint la camarde n'a jamais fait acte d'homme vivant ». Avec quel entrain il narre les combats! Voici l'affaire de Mac-Giang en Chine :

Lorsque nous atteignîmes le mamelon, nous assistâmes à un spectacle terrifiant : le fort chinois dégringolait et la ville prenait feu. Les canons faisaient un tapage d'enfer, et, lorsque les navires et le poste cessaient de tirer, c'était notre artillerie qui recommençait. Ce bruit assourdissant étouffait les transmissions d'ordres et la fumée était telle qu'un épais brouillard nous cachant tout se forma vite devant nos yeux. Cependant nous prenions la formation de combat; mais, cette fois, nous étions lestés par un déjeuner froid pris avec nos officiers à qui nous avions offert sans façons des œufs durs et un peu de viande. La plus grande familiarité régnait entre nous sans que jamais la discipline en ait souffert. Et ceci s'explique d'un mot : les soldats aimaient leurs chefs et les chefs aimaient leurs soldats. Pendant que notre capitaine se découpait en riant un morceau et s'apprêtait à le porter à sa bouche..., zzin, zzin, pan, pan..., une vraie pluie de balles, arrivant de toutes parts, tombe autour de nous. « Couchez-vous », tonna-t-il, et la sarabande commença.

Les Chinois, qu'on croyait démolis après un tel bombardement, avaient pris solidement position dans des tranchées creusées au milieu des ravins, en avant de la ville, et nous y attendaient de pied ferme. Aussitôt nous nous déployâmes en lignes de tirailleurs et l'on prit la position du tireur couché. Nous commençâmes alors un feu à volonté sur les tranchées. A en juger au sifflement des balles, l'ennemi devait être beaucoup plus en nombre qu'au combat de Na-Moun. Un camarade auprès de moi eut la crosse de son fusil cassée par une balle. Un adjudant, nommé Rozier, fut mortellement blessé Dans mon escouade, un soldat nommé Pister poussa un cri déchirant; ce brave garçon avait son compte. Quelques instants après, ce fut le tour de mon sergent de section. Les balles pleuvaient avec rage. Je voulus, à un moment donné, allonger le bras pour en ramasser une et la garder comme souvenir. Aussitôt une autre tomba à quelques centimètres de ma main. Il faut dire, à l'honneur des camarades qui n'avaient pas encore vu le feu, que, malgré le péril auquel on était exposé, une véritable gaieté ne cessa de régner dans les rangs des tirailleurs. On riait, on plaisantait, on se jetait les balles aplaties qui tombaient. Personne ne songeait au danger. Les officiers encourageaient tout le monde par un ton de familiarité et l'exemple de leur entrain. C'est en campagne qu'on peut le mieux reconnaître l'intérêt que les chefs portent à leurs hommes; c'est là qu'on voit et qu'on apprécie la force des liens dans cette grande famille qu'est l'armée où les uns se dévouent pour les autres jusqu'à se faire tuer pour eux.

Près de cette page de crânerie alerte, insouciante, bon enfant, pitoyable à autrui, je voudrais placer celle du « théâtre d'argent », mêlée décrite par Kipling. La citation devrait malheureusement être trop longue. Le ton change. L'ivresse de la brute, affolée de coups, de sang répandu, de chair pantelante s'y donne libre cours (1). Toute humanité est bannie ; il n'y a plus qu'un débordement d'instincts dans une cohue sans discipline. Notre soldat fait preuve d'une tout autre tenue. Son moral nous apparaît supérieur. Il s'est plus identifié à ses chefs et ceux-ci professent un idéal vraiment élevé : le respect chevaleresque du vaincu, qu'on protège, qu'il est interdit de piller. Silbermann se soumet à cette consigne en maugréant, mais il ne peut s'empêcher de l'admirer. Il sent confusément qu'elle nous hausse, à côté des troupes étrangères, dans l'esprit de l'indigène, et au fond il est fier de

(1) *Trois troupiers*. Au corps de garde.

« s'être dévoué », comme il dit, pour la cause de la civilisation ». Son livre est un document de premier ordre qui vient à son heure. Il réfutera bien des accusations portées sans grands fondements, mais avec une perfide violence, contre la Légion, les compagnies de discipline, l'armée coloniale. Il en montre l'esprit véritable, la générosité, la noblesse, l'enthousiasme persistant parmi de tristes scènes de réalité vécue, inséparables de cette existence, et, par-dessus tout, le lien solide qui attache l'officier au soldat.

NOLLY (1)

SILBERMANN a d'ordinaire la plume épaisse; c'est entendu. Son excuse est d'avoir voulu, en écrivant, imiter ses chefs et ceux-ci ont raison d'écrire puisque, parmi eux, de temps à autre, surgit un véritable artiste, exprimant des psychologies nouvelles, inconnues, dans une forme parfaite. Il y a deux ou trois ans les lecteurs de la *Revue de Paris* remarquèrent un roman à titre bizarre : *Hiên le Maboul*. Le nom de son signataire, Emile Nolly, n'in-

(1) Émile NOLLY, *Hiên le Maboul* (Calmann Lévy). *Les Aïeux et les Vivants*, qui avaient paru sous ce titre dans la *Revue de Paris*, ont été publiés en volume, chez Charpentier. Ce volume s'appelle : *la Barque annamite*.

diquait rien à personne. Il fallut attendre le volume pour connaître un peu le personnage qui avait prié M. André Rivoire de lui servir d'introducteur près du public. Mais la charmante et modeste page de présentation achevée, après avoir appris qu'on se trouvait en présence d'un lieutenant d'infanterie coloniale d'aspect très jeune, quand on abordait le récit, on était littéralement ravi.

Par instants, des descriptions, d'un charme simple et pourtant indéfinissable, communiquaient des frissons analogues à ceux que fait éprouver la lecture de Loti. Mais ce n'était pas du Loti. Il y avait dans la phrase une correction, une précision, un peu dures, toutes militaires, et si l'enchantement s'en échappait parfois, grâce à une note finale, fort habilement placée, de résonance infinie, l'auteur semblait l'avoir rencontrée par hasard, comme involontairement, et il n'en abusait pas. L'observation de l'indigène surtout y était plus profonde et, à elle seule, eût constitué un intérêt. L'exactitude du ton, des formules rituelles, la connaissance minutieuse des diverses races indo-chinoises et de leur mentalité faisait penser à Kipling, à un Kipling moins sec, aussi bien renseigné, mais latin de tempérament et de formation. S'il fallait placer absolument le nouveau venu à côté de quelqu'un, la forme même de son style, comme sa sympathie intuitive et familière pour l'indigène, lui assigneraient le voisinage de Lafcadio Hearn. L'auteur de *Kokoro* eût apprécié certainement *Hiên le Maboul*, étude d'Asiatique mal compris par les Européens, et il eût goûté ce début qui ressemble aux siens par ses notations à la fois exactes et musicales :

La nuit vint. Accroupi sur la dernière planche de l'appontement, Hiên le Maboul, soldat de deuxième classe à la 11e compagnie du 1er régiment de tirailleurs annamites, regardait l'ombre surgir du large. Elle montait comme une marée noire, effaçant à l'horizon les grêles lignes des palétuviers du Donnaï, engloutissant les rares toits de paille assemblés au bord de l'estuaire. De l'autre côté de la baie, la montagne sembla plus haute dans le ciel obscur, et plus monstrueuses les croupes où se découpaient les talus des batteries. Derrière les chevelures de bambous des crêtes, les premières étoiles dansèrent. Évanouie dans les ténèbres, la flottille des sampans ferma pour le sommeil ses innombrables yeux peints sur les proues de bois. Un pêcheur invisible se lamenta... Et seul, dans la nuit qui submergeait la terre de Cochinchine, Hiên le Maboul frissonna. L'obscurité tiède, pleine de rumeurs vagues, l'épouvantait. Grelottant de terreur, il contemplait stupidement les franges d'écumes qui émergeaient de l'ombre. Et il gémit doucement, regrettant le passé...

L'histoire navrante de ce pauvre diable se déroule. Arraché à la forêt maternelle, dont la nostalgie le tourmente, brimé par l'adjudant corse Pietro qui ne voit dans ces Jaunes que « des singes à mater », déçu par sa fiancée, la perfide May, Hiên ne trouve de consolation et de bonheur que dans l'intérêt à lui témoigné par son lieutenant, « l'Aïeul à deux galons ». Celui-ci est adoré des tirailleurs. Il personnifie l'Européen comprenant les Asiatiques, sachant les pénétrer, leur parler, ne pas les choquer et s'en faisant vénérer comme un personnage légendaire, comme un sage des livres sacrés. Il obtient d'eux tout ce qu'il veut. Quand il est là, la compagnie se transforme en un clin d'œil, les fourniments reluisent, les bonnes volontés se tendent, les intelligences qui paraissent fermées s'ouvrent. Parmi elles, Hiên est au premier rang. L'Aïeul, d'un abruti en fait un soldat modèle, et réussit à le marier avec la volage May. Mais l'Aïeul part. La désolation s'étend de nouveau sur la compagnie et Hiên se pend, désespérant de l'existence, des hommes et, par-dessus tout, des femmes. Les lecteurs du *Correspondant* ne peuvent adopter les conclusions de

Nolly, non plus que ses idées. Bien qu'il rende un juste hommage à une figure de missionnaire, il est au moins sceptique. Mais ce qu'ils trouveront chez lui, en faisant par ailleurs toutes leurs réserves, c'est une étude incomparable de la vie, de la mentalité, des paysages annamites, des sentiments, de l'attitude de cet indigène si difficilement perméable, placé soudain dans le cadre de notre civilisation si différente de la sienne, balbutiant, sans empressement aucun, indifférent, machinal, rêveur ou hostile, les premiers éléments qu'on essaie de lui inculquer. *Les Aïeux et les Vivants* nous le montrent encore mieux, divers dans ses types, divers dans ses idées suivant qu'il appartient à la génération d'avant la conquête, à la génération de la conquête ou à celle qui a suivi. Le vieux Neuâ reste un fervent de l'esprit des ancêtres; son fils Hoc « à l'impénétrable sourire muet » est travaillé par les idées nouvelles. La femme Thi-Teu et l'enfant Tao jettent aussi leur note dans la conversation, conversation toute simple et toute familière, où se reflètent pourtant les éléments complexes de notre colonie et leur mentalité actuelle. Neuâ vient, par exemple, de lire à haute voix quelques pages de Lûc van Tien :

Lorsqu'il fut las de lire, Neuà conclut :

— Ces récits du temps passé sont merveilleux et pleins d'enseignements utiles.

Hoc ouvrit tout à fait les yeux et soupira, disant :

— Ces récits sont merveilleux, mais ce sont des contes, de simples contes, des mots après des mots.

— Ces mots, fils, répliqua Neuâ, célèbrent la première des vertus : la piété filiale ; et c'est pourquoi il est doux et profitable de les entendre.

— La piété filiale n'est pas tout dans cette vie : elle ne suffit pas à procurer le bonheur, dit Hoc d'une voix altérée.

Neuâ jeta sur son fils un regard éperdu :

— Que dis-tu là ? s'écria-t-il. Et c'est toi, Hoc, qui profères de tels blasphèmes ! Qui te les a enseignés ? Est-ce Minh, le huyên, ou Bûu, ou les impies Langsa? Ainsi la pratique de la pitié filiale, à ton avis, n'est plus le premier des devoirs? Alors, alors, me blâmes-tu d'avoir voulu ce départ vers les hauts pays pour aller rendre à nos pères les honneurs rituels?

— Je... je ne sais pas, en vérité.

Neuâ tortilla sa barbiche, et balbutia en tremblant :

— C'est toi, c'est toi, mon fils, qui parles ainsi!... J'ai beaucoup de peine.

Tao se précipita vers le vieillard gémissant, prit dans ses mains les mains ridées et sèches qui frissonnaient. Thi-Teu restait obstinément tournée vers la mer, que le soleil de midi criblait de petites flammes dansantes. Hoc vint à son père, l'étreignit :

— N'aie pas de chagrin à cause de moi; oublie les paroles stupides que je t'ai dites dans un moment de mauvaise humeur et de tristesse. Tu as désiré que nous retournions vers nos morts; je le désire aussi de tout mon cœur, et je maudis la minute où j'ai dit le contraire.

— Est-ce bien vrai, mon enfant?

— C'est vrai. T'ai-je jamais menti?

— Non. Tu es un bon fils. Tu vois; je ris à présent; je suis heureux.

Entre ce père et ce fils qui causent, l'infiltration des idées européennes, leur influence obscurément ressentie ont déjà creusé un abîme. Même dans le traditionnel Orient, deux générations, si voisines, peuvent être aujourd'hui si distantes quand il s'agit de notions fondamentales. Mais l'évolution qui se poursuit chez Hoc remue également tout le peuple annamite. La conception du foyer n'est pas seule en jeu ; il y a aussi celle de la patrie. Dans les paillotes d'Haïphong, après dîner, au bord du fleuve, parmi les soucoupes de riz et de nuôc-man, des discussions violentes éclatent à propos des tirailleurs surpris dans un complot et récemment exécutés :

Le notable éleva les deux mains au-dessus de sa tête et déclara solennellement :

— Le sang qui a coulé était pur, et la cause pour laquelle sont morts ces enfants était juste. Ils voulaient que leur pays fût libre.

— Des sottises, des sottises ! gronda le doï furieux. C'étaient des traîtres, maudit soit leur souvenir !

— Leur cause était juste ! répéta le notable.

— Le notable a bien parlé ! disaient les coolies et les pêcheurs. L'Annam doit s'insurger et chasser l envahisseur.

Hoc se dressa :

— L'Annam doit être libre! cria-t-il.

— Oui! oui! vociféraient tous les assistants.

Le tenancier de la boutique, un petit homme éperdu et pleurard, se mit à gémir, suppliant ses clients de se taire, geignant:

— La police saura demain ce que vous avez raconté sous mon toit, et l'on fermera ma case et l'on me jettera en prison.

— Silence, vous tous! glapit le doï, hors de lui et tapant sur sa poitrine où sonnaient ses médailles. Les Langsa sont nos maîtres!

— Sortons d'ici, chuchota Neuâ.

Et tandis qu'ils se hâtaient vers la porte, il disait :

— Les Langsa sont nos maîtres. Le doï a raison.

— Ils sont nos maîtres, en effet, aujourd'hui, murmurait Hoc, parce que nous courbons l'échine. Mais, si nous relevions le front, qui sait ce qu'ils seraient demain!

— Oui, qui le sait? prononça Thi-Theu, frémissante.

Alors, en regardant sa femme, Hoc eut un sourire de joie et de triomphe.

— Taisez-vous tous deux! suppliait Neuâ. Taisez-vous. Ce n'est pas à cela qu'il faut penser, mais à nos morts.

— Qu'importe le reste! s'écria Tao, les joues enflammées.

Pour apprécier pleinement la saveur de telles pages, il faut savoir que, pour un regard non averti, tous ces petits hommes jaunes se ressemblent, qu'ils mènent dans leurs sampans et dans leurs paillotes une existence généralement close à tout Européen. Les pénétrer, les deviner, les exprimer, à une date de transformation aussi décisive que l'est celle-ci, là-bas, constitue un véritable tour de force. Nul doute qu'il ne faille ajouter Nolly aux noms des grands artistes qui nous ont transmis les mystérieux frissons de l'Extrême-Orient.

PÉROZ (1)

Moins artiste, — bien qu'il le soit à ses heures, — mais plus épique, se dresse un vétéran de nos guerres coloniales, le lieutenant-colonel Péroz qui, après ses seize campagnes de guerre, entreprit de nous les conter. L'on doit aborder avec courage ces récits parfois trop copieux et trop touffus, parce qu'on est, à certains passages, magnifiquement récompensé. Péroz est doué d'un œil vif et très fin, d'une excellente mémoire. Comme Borrelli, ayant beaucoup agi, il sait admirablement conter une action. Mais il n'élimine

(1) *Au Soudan français, Au Niger, Par vocation, Hors des chemins battus.* (Calmann Lévy).

pas assez de détails, et, quoiqu'ils aient de l'intérêt, leur abondance fait tort au relief général. Cependant, si l'on lit *Hors des chemins battus* après *Hièn le Maboul* et *les Aïeux et les Vivants*, on complétera utilement ses notions sur l'Indo-Chine. Quel défilé de figures saisies dans la vie même et qui l'emportent par le mouvement, l'intérêt, les aventures sur le plus merveilleux roman! M. Doumer, le Dé-Tham, Mgr Velasco et Mgr Colomer, Ky-Dong, l'Annamite francisé qui faillit soulever le Tonkin contre nous. Quelles scènes! Cette lutte du lieutenant Goulias contre un tigre (pareil à un gladiateur antique, l'homme sans armes finit par étrangler le fauve entre ses mains), ce festin de Ba-Ki, où les rites, strictement et somptueusement observés, couvrent une trahison raffinée, ces invraisemblables chasses aux pirates!

Le commandant Péroz fut opposé par M. Doumer au plus irréductible d'entre eux, à notre vieil adversaire, le Dé-Tham, qui récemment, d'ailleurs, a repris la brousse. Ce que fut cette guérilla, il faut le lire dans le volume (1), car rien ne peut en donner idée. Dans le Yen-Thé montagneux, coupé de torrents, hérissé d'une végétation épaisse, où la forêt est tressée à main d'homme, le sol miné de passages souterrains, la nature truquée comme un théâtre, c'est « un hallali de bête fauve, une action ininterrompue, toujours poussée à fond, qui ne laisse pas à cet insaisissable ennemi un instant de repos ». Acculé, mourant de faim, il ne se rend pas encore. Mgr Colomer, Mgr Velasco, le curé annamite de Binoï s'entremettent, car, même sur les rebelles, l'influence des missionnaires est considérable. Le Dé-Tham les reçoit dans des clairières de forêts, éclairé par de grands feux où rô-

(1) *Hors des chemins battus.*

tissent des membres humains, mais refuse d'entrer en pourparlers. A tout indigène qui lui parle de se rendre, il fait trancher la tête. Il a été, dit-il, si souvent trompé. Le commandant Péroz, ou plutôt sa femme, qui l'a suivi jusque dans ce poste avancé, s'avise d'un moyen héroïque, d'autant plus héroïque que tous, « fonctionnaires, militaires, colons, mettent ces imprudents en garde à l'envi contre l'Annamite, traître et fourbe, incapable d'attachement et de dévouement ».

Ma femme, par son audace tranquille et confiante, leva les derniers obstacles.

— Il est naturel que le Dé-Tham soit peu porté à se rencontrer avec toi, me dit-elle un jour. Ces sortes de démarches ont généralement mal tourné pour lui. Mais je pense que la présence d'une femme française à cette entrevue lui enlèverait toute appréhension.

— Veux-tu dire par là que tu oserais assister à une rencontre en forêt avec le Dé-Tham? Tu sais bien qu'il n'est pas d'atrocité, pas de crime qu'il n'ait commis.

— Hormis, cependant, celui de manquer à la foi jurée. A-t-il une seule fois failli à la parole donnée ? Son prestige est, en ce moment, le seul atout qui lui reste. Un parjure le ravalerait au rang des vulgaires bandits. Fais-lui jurer de nous accueillir, honorablement et en toute sécurité, nous seuls, avec notre fils, sans escorte ?

Le commandant discute un moment ce projet « extraordinairement risqué » qui peut le livrer, sans défense, non seulement lui, mais sa femme et son enfant, à la mort dans d'atroces supplices. Il discute avec une femme et avec une vaillante femme, certes, donc il perd son temps et il est battu : « Je chassai alors de mon esprit le souvenir des événements effroyables qui émaillaient la carrière du chef pirate pour me remémorer seulement les preuves constantes et nombreuses de son inébranlable fidélité à la foi jurée. » Le commandant Péroz, sa femme et son fils partent en voiture, trouvent une route fraîchement construite à travers la brousse qui les mène jusqu'à une misérable paillote où, sur le seuil, les attend un petit Annamite malingre, vêtu de loques, entouré de ses femmes, de ses enfants, de ses serviteurs : c'est notre redoutable adversaire, le dernier grand pirate qui, cette fois, vaincu, « devant cette femme et cet enfant de France, dans le grand silence de la forêt, accomplit les prosternations rituelles ». Je ne connais rien de plus beau que le récit de cette entrevue. Les qualités complètes, non seulement de l'homme, mais de la femme de notre race, y éclatent, y subjuguent l'adversaire davantage encore par l'ascendant moral que par la force matérielle. Le Dé-Tham resta soumis tant que Péroz commanda le cercle du Yen-Thé. Il devait prendre sa revanche avec ses successeurs. L'exemple est curieux et confirme la thèse de « Hiên le Maboul » : l'Annamite loyal et dévoué envers ceux qui savent le comprendre et lui inspirer confiance. Cette science de l'indigène et la valeur des hommes qui la possédaient ont fait, à elles seules, la force de notre politique coloniale. Celle-ci a été servie par d'admirables agents n'ayant à leur disposition que des moyens dérisoires, mais l'audace, le caractère, l'habileté des individus suppléaient à tout. Quinze ans plus tôt, simple lieutenant au Soudan, Péroz part pour la colonne du Bafing « avec un cheval, une cantine de menus cadeaux, une escorte de huit tirailleurs et le droit de se faire suivre de 25 kilogrammes de vivres et de bagages ». Il n'a guère plus quand il va arracher à Samory, dans sa propre capitale, le protectorat du Niger supérieur (1) :

J'estimai que la moindre faiblesse nous perdrait. Ma décision était prise de jouer la partie sur un seul coup de dés : reconquérir en une fois tout le terrain perdu ou périr. Chez Samory,

(1) *Par vocation.*

il n'est qu'un enjeu : la tête. Nous fûmes bons joueurs et nous gagnâmes. La mission, composée de son chef, du lieutenant Plat, du docteur Fras, de huit tirailleurs et de cinq spahis, se présente au palais de l'Almamy. Les portes de la première enceinte se referment; elles sont aussitôt verrouillées. L'Almamy est étendu sur un divan, dans la cour centrale. Autour de lui ses conseillers, puis ses gardes du corps entièrement nus, comme en guerre, le fusil haut. Cinq cents sofas en armes étaient rangés le long des murailles. Mon interprète, Samba Ibrahim, transi de frayeur, marchait devant moi d'un pas cassé d'automate. Je l'avais prévenu qu'à la moindre défaillance, à la première tentative d'adoucir mes paroles ou de les modifier, je l'arrêtais d'un coup de revolver. Arrivés à quelques pas de l'Almamy, nous saluons, la main à la coiffure, et nous nous arrêtons. Comme le veut le cérémonial, dans les occasions solennelles, je parle à mi-voix; l'interprète répète mes paroles qu'il jette à pleins poumons aux quatre coins du palais :

— La France a été outragée; il me faut satisfaction. Puisque l'Almamy et ses conseillers ne sont pas assez maîtres de leur cerveau et de leur langue pour discuter sans insulter, qu'ils signent le traité sans plus de paroles... Si tu refuses, Almamy Emir-el-Moumenin, je brise cette hampe, je lacère ce drapeau de la France que tu as insulté et j'en jette les débris à tes pieds. Ce sera alors, entre les Français et toi, une guerre sans merci dans laquelle Dieu décidera.

Pas un trait de la figure de Samory ne s'était altéré. Il s'éventait toujours froidement avec son chasse-mouches, dont ses conseillers, ses gardes et moi, suivions du regard les oscillations; les fusils étaient armés, sept cents peut-être. Si le chasse-mouches remontait d'un geste brusque, je savais que c'était le geste de mort : nous tombions fusillés par cent décharges... Pas un bruit ne rompait l'effroyable silence. Seulement, parfois, on entendait le claquement sec d'un fusil qu'on arme. Mon interprète, chancelant de terreur, était courbé en deux, comme suppliant. Les spahis et les tirailleurs étaient au port d'armes, l'œil fixe, la tête droite; mais je voyais, sur le front de celui qui portait notre fanion, perler de grosses gouttes de sueur. Le chasse-mouches allait toujours de droite à gauche d'un mouvement régulier. Il fallait rompre ce silence de mort, je dis :

— Almamy Emir, tu as entendu le grand chef des Français parler par ma bouche. Je retourne à mon campement. Voici le traité, je le dépose à tes pieds. J'attendrai ta signature jusqu'au huitième jour. Ce jour-là, au « salifana », si tu n'as pas signé, je quitterai ta résidence. Alors, malheur à ceux de tes hommes qui passeront derrière nous les gués du Niger. Almamy! moi, les deux chefs qui m'accompagnent et mes hommes, nous te saluons!

D'instinct, les gardes s'étaient levés; les sofas s'étaient serrés le long des issues qu'ils masquaient de vingt rangées de poitrines, garnies d'une haie de fusils. Mais Samory, étendant le bras dans la direction de la porte, dit à haute voix :

— L'Almamy Emir et ses gens vous saluent également. Partez!

Lorsque nous eûmes franchi la dernière enceinte, alors seulement nous commençâmes à respirer... Le 25 mars 1887, le traité était signé.

Voilà une page que j'oppose victorieusesement aux plus belles pages de Kipling. Je défie qu'on trouve chez lui un récit plus héroïque, plus poignant, qui donne davantage au lecteur le frisson de la mort suspendue et l'impression de l'ascendant que certains blancs exercent sur l'indigène. Pas un détail de ce moment terrible n'est perdu : le chasse-mouches dont tous les yeux suivent le va-et-vient, le claquement sec des fusils qu'on arme dans le grand silence, le pas cassé d'automate de l'interprète, les gouttes de sueur sur les fronts des tirailleurs et des spahis impassibles. Le lecteur assiste à la scène comme s'il la voyait. Les tableaux de ce genre abondent chez Péroz. Son existence mouvementée, — qu'il intitule modestement *Vie et aventures d'un soldat de fortune,* — ne le cède pas à celles des capitaines du seizième siècle. Même passion de se battre, même abondance magnifique de vie, même incroyable audace, même vaste champ parcouru. Tout jeune, à peine sorti du collège, il part pour la guerre carliste qui lui fournit la plus belle description de charge qu'on puisse rêver. Puis il s'engage dans l'infanterie coloniale et, gagnant tous ses grades à la pointe de l'épée, sa vie se déroule, dépensée en batailles continuelles au Soudan, en Guyane, au Tonkin. Aussi n'a-t-il pas son pareil pour décrire les combats. La délivrance de Niafadié, le siège de Niagassola cerné par l'armée de

Samory demeurent des toiles épiques, dignes du pinceau d'un Salvator Rosa. Péroz nous montre ces effrayantes vagues d'hommes, ces milliers de noirs, qui semblent prêts à tout engloutir, venant se briser contre quelques centaines d'Européens et contre l'habileté manœuvrière d'un colonel Combes. La fameuse description de l'attaque des derviches, dans *la Lumière qui s'éteint*, pâlit à côté. Le siège de Niagassola révèle dans leur plénitude les dons de nos coloniaux : courage, habileté, juste utilisation et divination de la psychologie indigène, tout tient du prodige. D'une situation qui eût paru désespérée à d'autres, ce lieutenant de vingt-cinq ans fait une victoire. L'on se sent vivifié à lire de tels récits. Il en monte des bouffées de bravoure, d'honneur, de mépris de la vie, d'abnégation pour le pays et de désir de sa grandeur comme l'on n'en respire plus guère.

BARATIER (1)

La mission Marchand apporte une note suprême à cette démonstration. La valeur des hommes, la difficulté des obstacles vaincus, la faiblesse des moyens fournis, le retentissement mondial que cette mission provoqua, l'échec qu'elle éprouva au port par la faute d'une politique intérieure et extérieure à tout le moins incohérente, le résultat définitif très faible qu'elle eut au point de vue pratique de nos intérêts, tout s'y réunit pour composer un symbole, le symbole de notre effort colonial contemporain. Il a été admirable et en partie vain. Le comte de Paris disait que les ins-

(1) *A travers l'Afrique*, par le colonel Baratier. (Fayard.)

titutions avaient corrompu les hommes; ici l'on constate que les institutions ont trahi les hommes. Mais ces hommes, modestement rentrés dans l'ombre, on les connaissait mal. Le moment du triomphe où l'on s'arrachait leurs images était déjà loin. Le succès de *A travers l'Afrique* a répandu de nouveau, a ressuscité ces physionomies. Laissant à son chef l'honneur de raconter la mission dans son ensemble, le lieutenant-colonel Baratier n'a modestement voulu nous présenter qu'un épisode, celui qui lui appartient en propre, la reconnaissance et la traversée du grand Marais qui sépare le Congo du Nil, ce Bahr-El-Ghazal où Gessi est mort de faim, cette région inviolée du Sedd que Schweinfurth avait côtoyée et que les anciens peuplaient, sur leurs cartes, de figures étranges :

Aujourd'hui, je m'accoude à cette ébauche antique
D'une Afrique très vague où le « Hic Leones »
Saluait l'héroïsme en latin prophétique.

Le poète n'a pas tort. Ce sont bien des lions, ces hommes qui ont osé s'aventurer dans ces régions de cauchemar et qui, par un prodige d'endurance, de force morale et physique, les ont vaincues. Baratier nous avertit que pour tenter l'aventure « il faut avoir avec soi des tirailleurs ». La première partie du volume — volume très bien construit, par parenthèse — est consacrée à nous présenter ces tirailleurs, leurs chefs, leurs exploits antérieurs communs. C'est une partie de psychologie, d'anecdotes, de descriptions, destinée à nous faire comprendre l'Afrique et l'incomparable personnel de nos expéditions. On y lira avec émotion et intérêt la mort héroïque du lieutenant de Chevigné, les chapitres intitulés Tankary Taraoré, l'honneur des Noirs, Samory, puis des fantaisies piquantes sur « l'Amour noir », enfin l'épisode si frappant de la révolte du Baoulé où le prestige d'être le « petit frère de Marchand » sauve Baratier de la mort. (Il est juste d'ajouter que sa propre intrépidité et son sang-froid y contribuent.) Cette partie est écrite avec entrain, vigueur, adresse. Des censeurs y ont trouvé à redire. J'avoue que leur sévérité me semble excessive et que, au contraire, par ses procédés d'édition comme par son style, *A travers l'Afrique* me paraît le type des ouvrages de vulgarisation destinés à faire impression sur les masses : pas de fignolage littéraire, mais des actions vivement contées, des traits qui se gravent dans l'esprit, des physionomies qui s'enlèvent avec éclat sur le fond du récit, des notations de paysages très caractéristiques et qui révèlent des qualités d'artiste, autant par l'expression que par l'observation. Ces dons atteignent toute leur puissance quand Baratier en vient au Marais, le décrit :

Taciturne, avec sa terrible uniformité sur son immense étendue. Le souffle d'une brise qui n'arrive même pas jusqu'à moi fait onduler au loin cet océan dont la surface oscille comme une grande houle. Le soleil descend lentement, attiré par ces flots d'herbes dans lesquels il va plonger; avec lui disparaîtra tout sentiment de vie.

L'énergie la mieux trempée s'use à lutter contre ces barrages végétaux sans cesse reformés.

On ne sait pas si l'on navigue sur des herbes ou sur de l'eau. Il faut trouver un passage ou bien nous sommes perdus. Toutes ces roselières bougent, pivotent, s'ouvrent, se referment, s'écrasent entre elles, offrent une résistance élastique; il est impossible de trouver une berge solide indiquant la direction du chenal.

Les vivres diminuent; la ration est réduite au dernier minimum possible. Les hippopotames, qui fournissent de la viande fraîche, n'apparaissent plus que très rarement. On n'ose tirer sur les marabouts innombrables de peur d'éloigner à tout jamais les guides Djingués. Les pagayeurs ont cessé de chanter depuis longtemps.

Les tirailleurs eux-mêmes sont à bout. La mort, la sinistre mort par la faim, dont a péri Gessi, approche. Et partout alentour, sans ressources, avec ses échassiers perchés de loin en loin et ses termitières, s'étale le désespérant paysage d'herbes sur lequel alternativement, dans la longueur des jours, s'élève et s'abaisse « le disque indécis du soleil qui semble un regard voilé de larmes ». Enfin, par bonheur, on parvient à tuer un hippopotame et le péril est conjuré. Rassasiés, pagayeurs et tirailleurs repartent. Coûte que coûte, on atteindra le but. Voici les premières touffes de papyrus, le Bahr-El-Ghazal et son oiseau étrange, le « baleiniceps rex » « à tête carrée de juge », puis l'eau libre et les tirailleurs poussent soudain un cri de joie : « Kourouba! » La montagne!

A l'Orient, une tache rose s'en va blanchissant sous une raie plus claire dans le gris nébuleux de l'horizon. Elle annonce l'approche du soleil levant et, là-bas, dans le fond de la plaine qu'elle éclaire, c'est le Nil.

Après quarante et un jours d'épreuves et d'angoisses portées jusqu'à la limite extrême où elles peuvent tendre l'énergie humaine, Baratier tient le succès. Récit poignant dont on partage à chaque minute les émotions intenses et multiples! Pages fiévreusement tournées! Et le cri d'admiration du lecteur arrivé au terme se mêle au cri de joie des Sénégalais. L'héroïsme des subordonnés ne le cède pas à celui des chefs. Les jours de disette où la graine de nénuphar constitue le seul aliment, les tirailleurs murmurent sans maugréer : « Ça y a service. » Leurs supérieurs ne disent pas autre chose lorsque, parvenus à Fachoda, ils s'y trouvent en présence d'un ordre anéantissant les résultats de leurs efforts, terminant par la plus amère désillusion le rêve incroyable qu'ils viennent de réaliser.

Discipliné et stoïque, Baratier reste muet sur ses impressions, mais elles se laissent deviner cependant, à la fin du livre, sous une forme figurée, dans le « dialogue avec le sphinx ». A quoi sert l'effort? demande le soldat « qui a des ruines plein le cœur ». « L'effort, répond le sphinx, n'a d'autre but que lui-même. La vie est une transmission d'énergie ininterrompue. Chaque existence résulte de celles qui l'ont précédée ; la tienne servira à la formation des vies futures. Moi, je ne suis là, face au désert, que pour lui crier l'effort sans relâche des siècles ! »

LEUR DOCTRINE

Hautaine et âpre philosophie qui leur est commune à tous : vivre avec la splendide prodigalité de natures richement douées, vivre par les muscles comme par le cerveau, voir, agir, penser, écrire de toute l'intensité de son audace, de sa force, de son ambition, mais d'une ambition très haute, celle qui dédaigne les résultats matériels et les faciles jouissances, qui vise à se satisfaire elle-même et se moque des situations généralement enviées par la foule. Philosophie du poète de *Trente ans de guerres* et du capitaine René de Planhol : « Heureux l'humble héros qui meurt pour sa chimère », de

Nolly, songeant aux camarades déjà dévorés par les colonies : « Ils furent heureux, puisqu'ils vécurent leur rêve », de Péroz, qui voit échouer ses propositions pour des subordonnés méritants : « Ils ne retirèrent que la satisfaction du devoir intelligemment rempli. Seules des âmes élevées, vaillantes et fières, pouvaient se contenter ainsi, sans récriminations ni plaintes. » Philosophie de Silbermann qui, dans les colonies qu'il conquiert, se voit raillé par les mercantis qui en profitent; il restera « l'homme à un sou par jour » tandis qu'ils s'enrichiront; il leur répond que « le sort des soldats est *glorieux* » et se console en répétant les vers :

> La gloire, aube toujours nouvelle,
> Sur eux seuls chaque jour se levant plus fidèle,
> Fait luire leur mémoire et redore leurs noms.

Déçus, comme Lautour ou Baratier, par la destinée, ces soldats ne lui gardent pas rancune. Ils se sont composé une sérénité supérieure. « L'homme est un loup pour l'homme », dit un vieux proverbe que rappelle Nolly. Ils le pensent tous, ayant tous vu de près la bête humaine dans les circonstances où elle est déchaînée; pourtant ils conservent dans l'âme un coin de sensibilité, de pitié, de délicatesse. Silbermann, révolté de l'indifférence de Behanzin qu'on sépare de femmes éplorées, prétend « qu'il mérite qu'on le couse dans un sac et qu'on le jette à la mer ». Baratier, dans une poursuite, enfonçant sa lame dans le dos d'un sofa qui fuit, « éprouve le remords, l'impression pourtant fausse d'avoir tué un homme désarmé ». D'instinct, ils sympathisent avec les dévouements qu'ils sentent véritables. Silbermann salue les Sœurs « depuis qu'il les a vues à l'œuvre ». Chez tous, même chez les plus sceptiques, on rencontre un bel hommage rendu aux missionnaires. Avant tout, ces soldats coloniaux sont des hommes de bonne foi. C'est pourquoi l'on apprendra beaucoup d'inédit véridique et instructif en lisant leurs œuvres. Nous avons un empire colonial étendu et vraiment il faut dissiper notre ignorance à son égard. Cette littérature y aidera par les sentiments qu'elle développe ; son mélange d'idéalisme et d'observation originale dans un champ vaste l'emporte loin de la plupart des ouvrages d'aujourd'hui. Elle vaut qu'on s'y arrête et qu'on sache gré à ses auteurs.

(*Le Correspondant*, 25 avril 1911.)

A L'OCCASION

DE LA

REVUE DU 14 JUILLET 1913

Le 14 juillet 1913, Paris a vu défiler, à Longchamp, des délégations de presque toutes nos troupes coloniales. Une foule immense, enthousiaste, a salué tour à tour la prestigieuse chéchia des Sénégalais invincibles, les salaccos, les chignons roulés, les jambières rouges des Annamites, les burnous flottants des spahis qui galopaient éperdument, le sabre levé, sur leurs petits chevaux agiles. C'étaient l'Asie et l'Afrique, évoquées là, soudain, comme par magie, pour un instant, l'Asie et l'Afrique lointaines, mystérieuses, jadis inaccessibles, l'empire fantastique que nous ont conquis les prouesses de nos coloniaux.

Leurs prouesses? Paris les connaît, les admet comme un fait acquis, indiscutable, si patent qu'il serait absurde de le contester. Lui demander une énumération de détail serait indiscret. Pourtant s'il était curieux d'interroger les livres, les ouvrages ne lui manqueraient pas. A cela se trouve une excellente raison : les officiers de ces troupes ont été d'incomparables psychologues, et ces merveilleuses prouesses que l'étendue de notre empire atteste, sont dues au fait que nos officiers savaient jusqu'où pousser l'effort et dans quel sens l'exiger. En plus des conquêtes, cette perspicacité psychologique nous a donc valu des livres, et des livres qui méritent d'être lus.

*
* *

En première ligne, voici ceux d'Émile Nolly, *Hiên le Maboul,* tirailleur annamite, puis *Gens de guerre au Maroc*. Nets, alertes, vibrants, musicaux, écrits d'une plume savante et d'une âme enthousiaste, successivement ils nous emportent de l'action au rêve, puis à l'action encore, et quel jet de lumière en surgit pour nous, si nous voulons nous essayer à comprendre l'Asiatique subtil, l'Arabe bavard, le nègre puéril, dévoué et brutal. Voulons-nous des nègres encore, de ces héroïques Soudanais dont l'histoire est une prodigieuse épopée? Enfonçons-nous à la suite du sous-lieutenant Guignard qui va brûler ses *Premières cartouches* au delà du Niger, contre Samory, dans l'hinterland de la Côte d'Ivoire. Combats obscurs et inouïs : au siège de Kong, cent tirailleurs, une dizaine d'Européens, tiennent deux mois, sans eau, les puits empoisonnés, buvant une boue fétide, contre les bandes innombrables de l'Almamy. A l'assaut d'un village, un tirailleur, le visage traversé de part en part d'une flèche, vient trouver le lieutenant Méchet, et, *défaillant, mais s'étant mis réglementairement au port d'armes,* lui demande l'autorisation de quitter son poste sur la ligne de feu.

Le commandant Caudrelier, faute de forces suffisantes, jalonna une frontière provisoire d'une ligne de garde-pavillons, tirailleurs chargés de figurer des postes. Mais, afin de gagner du terrain, les Anglais de la Côte d'Or usaient d'un peu scrupuleux mélange de paroles non tenues envers nos officiers et de violences sur les garde-pavillons isolés. Disposant de troupes beaucoup plus nombreuses que les nôtres, ils circulaient par gros détachements traînant du canon : « Retire-toi, ordonnait leur chef à nos postes d'un caporal et deux tirailleurs noirs ; retire-toi ou je mets le feu à la case. » Mais l'autre avait justement pour consigne de rester. Il répondait flegmatiquement : « Mon lieutenant y en a commandé moi poser là. Moi n'y a pas moyen fout camp. » Sous ses yeux huttes et vivres brûlaient, mais *il restait*, et on n'osait pas le faire prisonnier. Alors le détachement anglais laissait un poste de vingt-cinq hommes et allait, sans plus de succès, recommencer sa manœuvre plus loin. Enraciné sur place, notre caporal relevait sa case et envoyait à son lieutenant son galon de laine rouge, signe que le messager apportait des nouvelles authentiques.

Pour le saint-cyrien, frais émoulu de l'École, le premier aspect de ces rudes troupes n'est rien moins que surprenant :

A vrai dire, leur camp n'avait de martial que l'alignement sur quatre rangs, comme pour une parade, de cases, bordant une avenue centrale parfaitement astiquée; mais derrière ces cases, une ligne parallèle de cuisines abritait un peuple jacassant de femmes accroupies autour des marmites où mijotait le dîner des ménages. Des bandes de négrillons se pressaient et jouaient autour d'elles; çà et là une taloche ou une fessée éveillait des cris effroyables... Devant les portes des cases, les tirailleurs accroupis sur de minuscules trépieds de bois enroulaient des rêves simples aux spirales fumeuses de courtes pipes en fer, ou charmaient leurs loisirs en accompagnant au monocorde des mélopées traînantes et nasillardes... une troublante fantaisie régnait dans les tenues; les vareuses percées, rapiécées étaient de tout modèle; le large « coursi » indigène remplaçait le pantalon réglementaire; certains, à carreaux blancs et bleus, aggravaient une *désuniformité* affligeante .. le chef de la région lui-même avait ce coursi blanc et bleu et des souliers ressemelés de peaux de bœufs.

Mais derrière leurs chefs, ces tirailleurs ignorent l'impossible. Il faut lire dans l'ouvrage de Guignard la surprise, puis la défense de Kong, l'occupation de Sikasso, pour apprécier à sa juste valeur, avec l'héroïsme de nos troupes noires, la hardiesse, le coup d'œil, l'habileté des officiers qui les commandent Dénués de tout, ou à peu près, n'ayant à compter que sur eux-mêmes et sur leurs noirs, ils suppléent à tout. Ces faits isolés, ignorés, multipliés, reliés à la longue les uns aux autres, plus par la force des choses que par une politique insouciante et incohérente, c'est toute l'histoire de nos conquêtes coloniales. Quelle reconnaissance ne devons-nous pas à ces officiers dont les noms devraient être tous célèbres, appris par cœur dans les écoles et dont quelques-uns à peine sont connus? Non seulement ils nous ont gratifiés d'un immense empire, mais, comme l'exprimait le vicomte E.-M. de Vogüé, d'une mentalité nationale nouvelle, d'une leçon de virilité. Là-bas, dans l'exercice du commandement, dans la nécessité de la décision à prendre et des moindres forces à utiliser, en face des responsabilités, parfois écrasantes, laissées à leur charge et qu'ils surent toujours porter, ils ont acquis ce qui trop souvent nous manque. « D'un fait à l'autre, nous apprend Guignard, l'homme dépouille un peu plus l'enveloppe qui l'enserre et prend une plus exacte science de soi-même. »

*
* *

Aussi quand ils nous parlent des problèmes qui nous divisent, nous agitent, écoutons-les. Ne fermons pas l'oreille, par exemple, à ces *Propos d'un Colonial* que nous tient le général Famin. Pages de haut et clair bon sens, écrites au soir des campagnes, parfois évoquant telle ou telle anecdote du passé qui nous éclaire d'un jour nouveau une question militaire, sociale, fiscale : souvenirs d'un commandant de cercle qui a dû lever et répartir l'impôt, d'un voyageur érudit que les tentatives du socialisme chinois n'ont pas laissé indifférent et qui, par des analogies transparentes, à propos d'une expédition dans le Haut-Tonkin, nous convainc de la nécessité de la peine de mort, quelque obstacle que prétende y opposer une bonté imprévoyante, une sensibilité peut-être louable, mais irréfléchie. En parcourant les chapitres qui examinent la « diminution du temps de service », la « police des grèves », l'impôt et les charges de famille », sans négliger la politique étrangère, l'esprit ne peut se défendre d'un rapprochement avec les méditations sociales d'un autre vieux soldat, le maréchal de Vauban. La même bonté ferme s'en dégage, le même souci d'équité envers tous, afin que nul ne soit paralysé ou écrasé par les autres, et une même observation attentive, perspicace, bienveillante, — fécondée par l'expérience d'une vie active — propose les solutions ingénieuses et pratiques. Ce colonial qui, rentré au foyer, songe avec tant de sagesse et de mesure aux questions pour lesquelles ses concitoyens s'entre-déchirent sans guère avancer, donne la notion de ce qui subsiste de vitalité foncière, éparse dans notre pays, organismes intacts, sains, puissants, solides, qui, au loin, en dépit de l'incohérence de nos politiques, nous ont acquis un empire et qui, pour agir chez nous, remédier à notre pitoyable anarchie, voir pleinement leurs belles, leurs exceptionnelles qualités utilisées, coordonnées, ne demandent, selon l'expressive parole de M. Étienne Lamy sur le colonel Marchand, qu'« un Assembleur de Forces ».

(*Éclair*, 14 juillet 1913.)

LE CAPITAINE DÉTANGER

ET

L'ŒUVRE D'ÉMILE NOLLY

En 1915, l'Académie française a décerné le grand prix de littérature à Émile Nolly, pseudonyme adopté par le capitaine Détanger, de l'infanterie coloniale, glorieusement tué à l'ennemi. L'Académie a ainsi consacré une belle œuvre et une belle vie. Voici quatre ans déjà, je saluais le brillant début de cette œuvre, *Hiên le Maboul* et *la Barque annamite*, romans remarquables, accueillis avec intérêt, mais non peut-être avec toute la faveur qu'ils méritaient. Le lieutenant Détanger m'écrivit pour me remercier. D'Indo-Chine il était passé au Maroc où il *faisait colonne.* Je lui répondis. Une correspondance amicale, suivie, commença dès lors entre nous. Nous ne nous connaissions pas, mais nous devinions que des questions parallèles retenaient notre attention et sollicitaient notre ardeur. Dans les lettres qu'il m'adressait, d'étape en étape, de cantonnement en cantonnement, il exhalait ses enthousiasmes, et parfois, ses impatiences, ses vivacités. Par-dessus tout, je sentais dans ces lignes hâtivement tracées sous la tente la passion de servir la France, d'en faire connaître, d'en faire aimer au loin le souple et tutélaire génie. Un jour viendrait, — ce jour Nolly l'annonçait avec certitude, — où, à l'appel de la mère patrie, de récents enfants accourraient et, serrés autour de notre drapeau, s'opposeraient utilement avec nous à la ruée formidable du Barbare.

Le lieutenant Détanger devint capitaine et fut appelé à Paris. Nous nous vîmes, puis nous nous liâmes tout à fait. J'allais souvent lui rendre visite au ministère des Colonies où il était officier d'ordonnance. Nous avons vécu là quelques bonnes heures, à causer ensemble dans le charmant vieil hôtel de la paisible rue Oudinot.

En 1913, je regardai Détanger coopérer à la préparation de la revue qui, d'Asie et d'Afrique, amena, le 14 juillet à Longchamp, spahis et tirailleurs, superbe évocation de la grandeur de notre empire colonial.

Dans la foule, plus nombreuse que de coutume, empressée à contempler le défilé pittoresque où ces troupes exotiques se mêlaient à nos troupes métropolitaines, qui mesurait alors exactement l'importance du concours dont ces auxiliaires devaient nous fournir bientôt, sur notre propre sol, la preuve irrécusable? D'ailleurs, en dépit des incidents multiples, malgré les avertissements réitérés d'esprits clairvoyants, qui pensait, à part soi, que le péril dût fondre si prochainement sur nous?

L'année d'après, en plus des ouvrages qu'il se préparait à publier, Nolly m'entretenait de son désir d'exhumer un dossier, en partie inédit, feuilleté par lui dans les archives du ministère, où éclate, prodigieuse d'ampleur, de pénétration, d'ingéniosité, l'intelligence de Dupleix, attachante, sublime figure, incarnation suprême et complète des dons colonisateurs conférés à notre race.

Dans les premiers jours de juillet 1914, devant me rendre moi-même au Maroc, j'allai demander à mon camarade quelques renseignements. Nous nous serrâmes la main. Je partis. Nous ne devions plus nous revoir. Ce n'est donc pas sans une émotion particulière que je relis son œuvre, son œuvre si vibrante, si perspicace, si pleine d'enseignements et de pressentiments féconds. Pour l'apprécier tout à fait sainement, plus d'impartialité vaudrait mieux sans doute. Mais pour démêler, pour commenter une pensée, la sympathie, l'affection, les souvenirs d'efforts communs sont aussi de précieux guides. C'est en m'aidant de leur lumière que j'essaierai de rappeler les traits principaux de cette œuvre, de cette physionomie de soldat et d'écrivain.

Hiên le Maboul parut vers la fin de 1908. Une courte, mais délicieuse, préface de M. André Rivoire présentait l'auteur au public. En lisant le manuscrit, M. Rivoire avait été, disait-il, « frappé et séduit par la force et la délicatesse des impressions, la netteté quasi photographique des paysages, les grâces d'un style toujours harmonieux, à la fois original et simple. » Il nous promettait aussi *Heures khmères,* pages de Nolly demeurées jusqu'ici inédites. M. Rivoire annonçait qu'elles seraient quelque jour « un régal de lettrés et de délicats. » Espérons que ce jour ne tardera plus désormais.

Pour nous en tenir à *Hiên le Maboul,* rien ne saurait mieux exprimer les séduisantes qualités de forme de ce roman que le jugement de son premier parrain littéraire.

Hiên le Maboul est un simple soldat de la 11e compagnie du 1er régiment de tirailleurs annamites. Bûcheron arraché par le service militaire à son village de Phuôc-Tinh, né à la lisière de la grande forêt d'Annam, son enfance n'a connu d'autres horizons, d'autres travaux, d'autres plaisirs que ceux de la forêt où il coupait des bambous. Son oreille en perçoit, en différencie les mille rumeurs confuses : aboiements furtifs et contenus du tigre en chasse que de moins exercés que Hiên prendraient pour ceux d'un chien; bramement des cerfs arrêtés auprès des mares lointaines; cris des singes se poursuivant dans les ramures; chants des coqs sauvages; froissements produits par les panthères qui rampent dans l'herbe, par les faisans, les paons qui se lèvent et se perdent sous le dôme impénétrable des feuilles. Son œil n'a pas de peine à discerner les prunelles vertes d'un python collé à une branche et identique à elle. Hiên sait les plantes, les arbres, les essences utiles, précieuses, les sucs nuisibles ou bienfaisants, les bêtes de la brousse et des eaux. Mais il ignore les hommes, les femmes, la civilisation. L'approche des humains, des Européens surtout, le frappe de terreur, paralyse ses facultés. « A vingt ans, il se présente comme une sorte de géant maigre, aux yeux égarés, à la chevelure inculte, aux gestes maladroits, et l'opinion se confirmait qu'il était fou : Hiên le Maboul. » Que va devenir Hiên le Maboul au 1er régiment de tirailleurs annamites? Il y sera d'abord extrêmement malheureux. Empêtré dans son équipement, dans son uniforme, sourd à une langue qu'il ne comprend pas, transporté dans un monde effarant et mystérieux, il dépérit. Pétrifié par la crainte, il prend le parti de devenir complètement inerte, passif, d'autant plus qu'il est brutalisé par l'adjudant Pietro. Celui-ci ne voit, en effet, dans les indigènes « que des singes à mater ». Pour comble de misère, Hiên tombe amoureux de May, la fille du sergent Cang, jeune personne au corps bronzé de statuette, pleine de charmes, mais, en dépit de son âge encore tendre, déjà perfide, sournoise, énigmatique, et qui témoigne d'un goût immodéré pour les colliers d'or travaillés au poinçon, pour les tuniques de soie. Hiên se sent pauvre, laid, maladroit. Les regards de May ne s'attarderont pas sur lui. Elle a la coquetterie de le provoquer néanmoins, mais pour avoir ensuite le plaisir de le dédaigner, de lui faire sentir son néant. Entre les mépris de May et les coups de matraque de l'adjudant Pietro, Hiên, devenu rapidement par surcroît le souffre-douleur des hommes de son escouade, se met à désespérer complètement de tout. Il songe à déserter, à s'enfoncer dans les profondeurs de la forêt amie où nul ne saura le reprendre, quand, soudain, sa situation change de face. Un lieutenant, que les tirailleurs appellent l' « Aïeul à deux galons » revenu d'une mission de topographie dans la brousse, prend le commandement de la 11e compagnie. Les procédés de Pietro, les arguments frappants, sont abolis. L' « Aïeul à deux galons » parle annamite ; il écoute les tirailleurs, connaît leurs rites, leurs légendes, leurs ménages, leurs secrets.

Les petits soldats jaunes l'adorent, le révèrent. Ce n'est pas seulement un « mandarin à galons », c'est un tout-puissant, c'est un bienfaisant Génie, un Aïeul. Quand il est présent, les fourniments reluisent, les jarrets et les bonnes volontés se tendent, les crosses sonnent pendant les maniements d'armes, les talons frappent le sol en cadence à l'exercice; au tir, de nombreuses balles criblent les cibles. On cite la 11e compagnie comme une compagnie. d'élite. Quand l'Aïeul repart, de nouveau la désolation s'étend sur la 11e compagnie. Elle retourne à son état passif, morne, douloureux, quelconque et même sourdement anarchique.

L' « Aïeul à deux galons » s'intéresse à Hiên, le dégrossit, l'initie au métier des armes. Peu à peu, Hiên devient un tirailleur modèle, d'un dévouement absolu, touchant pour son chef. Naturellement, celui-ci fiance Hiên à May. Que May préfère ensuite promptement au sauvage bûcheron un élégant mulâtre comptable au Sanatorium, que Hiên se pende de désespoir, là ne réside pas l'intérêt principal de l'œuvre. Il se trouve dans la transformation particulière de Hiên le Maboul par l'Aïeul à deux galons et dans la métamorphose plus générale de la 11ᵉ compagnie par un chef qui sait la comprendre et la manier. On a beaucoup écrit sur le rôle de l'officier. En dépit des pages et des phrases prodiguées, souvent très belles, souvent très justes, l'ensemble du public ne lui accordait qu'une médiocre attention. Les circonstances actuelles le placent en relief devant les plus aveugles. En réalité, il n'existe peut-être pas de rôle plus passionnant ni plus haut. Le rôle de l'officier colonial qui apporte le génie de sa race, qui l'associe au génie d'une autre race, — génie tout particulièrement aiguisé quand il s'agit de la race jaune, — et obtient un concours en vue d'un idéal supérieur apparaît magnifique entre tous. On ne saurait trop le célébrer, l'analyser. C'est le but, c'est la leçon de livres tels que *Hiên le Maboul*, leçon qu'il ne faut se lasser de répéter, de mettre en lumière. Quelles pages plus émouvantes que celles du retour de l'Aïeul parmi ses tirailleurs ou encore celles des souhaits le jour du Têt (Nouvel an chinois)! Et l' « Aïeul à deux galons » se dit que « dans ces Annamites, prétendus fourbes et paresseux, il a rencontré de merveilleux ouvriers, gais, alertes, actifs, dont l'entrain imperturbable l'a réconforté dans les minutes de découragement. Il se rappelle les pages amères que des écrivains ont consacrées à cette race perfide abritée derrière l'éternelle ironie et l'éternel sourire de ses yeux bridés, incapable de dévouement et d'attachement. Il est fixé là-dessus désormais. Ce qu'ils font aujourd'hui pour lui, ne le feront-ils pas demain avec le même courage, pour son remplaçant, pourvu que celui-ci soit bon et juste? »

*
* *

Hiên le Maboul est un roman très fin, très profond, qui analyse le tirailleur exotique enrôlé sous notre drapeau. *La Barque annamite* est un autre roman qui se propose une étude plus ample : celle du peuple annamite sous le protectorat français. Le titre primitif de l'ouvrage était *les Aïeux et les Vivants*. Il exprimait le sentiment complexe de ces populations travaillées tout ensemble par le culte de leurs traditions et le spectacle de la civilisation occidentale nouvellement importée parmi elles. Neuâ, vieillard à l'esprit meublé de légendes, fervent observateur des rites, modèle de ferveur familiale, n'est occupé qu'à se concilier les bonnes grâces des Génies invisibles qui, d'après sa croyance, entourent, surveillent chacun des hommes, et, selon les actions de ceux-ci, déchaînent ou apaisent les éléments, appellent les calamités sur l'impie, font croître la prospérité du juste. Une pensée surtout obsède Neuâ : rendre les devoirs sacrés à ses ancêtres morts. Jusqu'ici, il ne l'a pu. Dans sa jeunesse, il a été obligé d'abandonner précipitamment leurs tombes lorsqu'il s'est enfui au temps de la « grande épouvante », de la guerre des Pavillons Noirs. Les efforts de Neuâ, ses économies de pauvre sampanier ne tendent qu'à un but : posséder un sampan, — barque annamite surmontée d'une paillote, — posséder un sampan à lui, qui lui permettra de retourner vers le Haut Pays, de remonter le Fleuve, de retrouver les tombes de ses pères, des pères de ses pères, là où il les a laissées autrefois. Il s'acquittera alors des honneurs funèbres, aux dates consacrées, selon les rites prescrits. Hoc, fils de Neuâ, prendrait plus aisément son parti de laisser les tombes à leur sort. Il ne parle guère, mais aux mots qui lui échappent, on devine que d'autres problèmes le sollicitent. Attentif, il observe le monde nouveau qui s'agite sous ses yeux, le monde des Occidentaux, des Langsa, selon la dénomination qui leur est donnée par les indigènes.

Hoc n'ignore pas les événements qui ont changé l'Extrême-Orient d'aujourd'hui. Une haine sourde contre l'étranger l'anime. Fils soumis, travailleur muet et sobre, très épris de sa femme Thi-Theu, volontiers il se confinerait dans son labeur de sampanier et dans son bonheur conjugal. Mais bientôt celui-ci est troublé. Neuâ et Hoc sont parvenus, en rassemblant leurs économies, à faire construire un sampan. Ils s'apprêtent à voguer vers les Hauts Pays. Toutefois Neuâ est trop vieux pour peser longtemps sur les rames, et Hoc n'a point d'enfants qui puissent l'aider dans cette tâche. La famille se décide à adopter l'adolescent Tao, vagabond de bonne mine, rencontré par hasard sur la plage où il a été abandonné par une jonque chinoise. Tao est Annamite. Il témoigne d'un cœur ingénu, généreux, reconnaissant. Il résiste aux tentations que la vie ne lui épargne pas. Neuâ se plaît à façonner son esprit et à voir dans cet orphelin un disciple, un petit-fils qui, le jour venu, saura rendre à sa dépouille mortelle les honneurs dont lui-même rêve d'entourer les mânes de ses aïeux. Par malchance, Tao, à son insu, se trouve fort au goût de Thi-Theu, femme de Hoc, et Thi-Theu n'aspire bientôt qu'à prouver ses sentiments à un si agréable compagnon de voyage. L'honnête Hoc, supplicié par la jalousie, devra se décider, avant d'avoir atteint le terme de la navigation entreprise, à abandonner le sampan, entraînant avec lui son épouse pour la soustraire à cette passion funeste. Le vieillard et le jeune homme poursuivront seuls leur route vers la rive de leurs rêves. Mais ce sampan qui s'en va de la baie d'Along aux pentes du Bao-Daï, gagnant le haut pays de Lang-Son, ne nous révèle pas seulement son minuscule univers, les tourments et les espoirs qu'il abrite sous sa paillote. Parti de Port-Courbet, il aborde à Quang-Yen, puis à Haïphong, à Pha-Laï que les Français appellent Sept-Pagodes, puis encore à Lam. Que d'êtres différents sont rencontrés par les sampaniers et prêtent à leurs commentaires! Ils sont souvent mêlés à des scènes caractéristiques, soit qu'ils se risquent en tremblant dans les villes de pierres et de briques édifiées par les conquérants langsa, soit qu'ils se trouvent parmi leurs frères indigènes qui bavardent en mâchant du bétel dans les misérables restaurants enfumés des bords du Song-Chang, soit qu'ils visitent un notable dans la région où commence le Haut Pays. Depuis la grève de Hongay où il est construit jusqu'aux eaux boueuses du Song King Thay qu'il fend en remontant vers le nord, le sampan de Neuâ, — la barque annamite, — sert de moyen pour faire défiler sous nos yeux les populations du Tonkin et nous les présenter en un tableau d'une animation, d'une variété, d'une couleur étonnantes. Voici Minh, le hûyen incrédule qui a envoyé son fils s'instruire dans les écoles des Occidentaux, le majestueux Chinois Van Chéong, revêtu de sa houppelande en soie bleu pâle, riche, à l'occasion déférent envers les Esprits Invisibles quand son commerce lui permet ce loisir, Bûu, l'orfèvre bavard et fripon, le barbier Canh, Duong le constructeur de sampans, Co-Haï la courtisane, le vieux doï (sergent de tirailleurs), les « messiés civils » et les mandarins militaires langsa. Tous ces personnages, harmonieusement agencés, bougent, s'expriment, parlent, discutent, agissent avec un naturel, une vérité simple et profonde qui donnent au lecteur l'impression de la vie même, et au critique — du moins il me semble — le sentiment du comble de l'art. Au risque de paraître emporté par un enthousiasme excessif, j'avoue que *la Barque annamite* évoque pour moi le souvenir d'ouvrages que je considère comme des chefs-d'œuvre, par exemple les merveilleux livres de M. Louis Bertrand sur les races des côtes méditerranéennes, ou ceux du prodigieux, de l'incomparable peintre de l'Inde, du grand Kipling. Oui, *la Barque annamite*, avec quelque chose de moins puissant, certes, de moins fort, me fait parfois, me fait souvent songer à *Kim*.

On discute souvent, et l'on peut discuter à l'infini, sur ce qui constitue ou non un roman. Plusieurs écrivains n'attachent à l'intrigue passionnelle qu'une importance secondaire. Pour eux, la passion doit conserver dans le livre la place qu'elle occupe dans la vie. L'amour gouverne rarement à lui seul toute une existence ou tout un groupe d'existences. N'étant pas toute la vie, il ne saurait être tout le livre. L'œuvre d'imagination, sous la réserve d'une documentation soigneuse, peut donc viser à n'être qu'un artifice commode, un procédé d'une ressource, d'une souplesse extrêmes. Des confrères qui ne sont pas en général des romanciers, qui le sont parfois cependant, objectent : Que n'écrit-on alors des notes de voyage, des études dépourvues de fiction, des études géographiques, ethnographiques, historiques, militaires, coloniales? Mais à ces études il manquerait le jeu, l'articulation, le mouvement même de la vie, précisément ce qui fournit au lecteur l'illusion qu'elle se produit sous ses yeux, en un mot ces qualités qui le font s'écrier : C'est cela; ce doit être cela. Albert Sorel, ce maître, cet historien si intensément psychologue, sentit bien la valeur de ces raisons lorsqu'il enferma dans des contes exquis intitulés : *Vieux habits, vieux galons,* des nuances, une philosophie des hommes et des événements qu'il avait tirées de ses dossiers, *qu'il sentait vraies,* mais qu'il était impuissant à exprimer par de rigoureuses, par de strictes études historiques.

On voudra bien excuser ces quelques réflexions en apparence étrangères à *la Barque annamite,* mais qui, selon moi, aident à en comprendre la portée. Il est toujours difficile de peindre un milieu, des personnages, une société, une population avec naturel, avec mouvement, avec vérité, avec art. Il s'agit non seulement d'observer, mais ensuite d'ordonner, de construire ses observations. Il faut en des types généraux recréer la vie qu'on vient de disséquer sur des exemples particuliers. Cette difficulté, très grande déjà, quand elle provient de personnages parmi lesquels nous vivons toujours, s'accroît extrêmement quand le romancier s'attaque à des mentalités, à des civilisations si différentes des nôtres. Nolly a osé cette périlleuse tentative et me paraît y avoir réussi. Ce que j'admire en lui, plus encore peut-être que son art, pourtant si fin, c'est son instinct, son intuition des indigènes, sa sollicitude pour leurs mœurs, leurs religions, leur compréhension des événements, des hommes et des choses, son ambition de connaître, de sonder leur cerveau et leur cœur. Cela, c'est un signe de race. De Dupleix à Lyautey, c'est le signe de la grande lignée coloniale française. Cela, c'est beaucoup plus que de la littérature. Parce que des milliers d'officiers et d'administrateurs — qui tous n'écrivirent pas, ne s'exprimèrent pas — pensèrent, agirent comme Nolly, mus par un penchant séculaire de l'esprit, une multitude d'hommes, dont la couleur n'était pas la nôtre, est venue se faire tuer généreusement, presque avec joie, pour la défense de nos frontières envahies.

Hiên le Maboul et *la Barque annamite* représentent, si l'on peut dire, la première manière de Nolly. Ce sont des œuvres amoureusement finies, écrites avec soin et simplicité, harmonieuses de contour et de phrase, d'une philosophie un peu étrange, assez amère, d'une libre fantaisie morale, troublantes parfois à cause de la persistance du sourd pessimisme qu'elles recèlent.

Je n'ai pas insisté autant que je l'aurais dû sur leurs descriptions : paysages, marchés, fêtes, agglomérations cochinchinoises ou tonkinoises. Ces descriptions sont délicieuses, d'une plasticité élégante, exacte et sobre.

*
* *

Nolly possédait les plus heureux dons à la fois d'intelligence et, quand il en prenait le temps et la peine, d'exécution. Ses deux premiers romans en témoignent. Ils lui acquirent un cercle de lecteurs qu'on eût vraiment souhaité moins restreint. De nombreux admirateurs devaient le goûter lorsqu'il appliqua ses facultés à un sujet plus familier au public et que, devenu officier d'un bataillon sénégalais, il tira de ses notes de campagne *Gens de guerre au Maroc*. Une sensibilité aussi vive, aussi tendue que la sienne le prédisposait à tout enregistrer autour de lui, excellemment et comme automatiquement. De fait, ces croquis pris sur le vif, au jour le jour, ont une saveur intense. Néanmoins, ils ne lui suffirent pas, — et ceci vient à l'appui de ce que j'avançais tout à l'heure à propos du mode même du roman, — ils ne lui suffirent pas pour exprimer complètement le Maroc, puisqu'il jugea ensuite nécessaire, pour dessiner certaines existences, certains côtés, certains dessous, certains bas-fonds, mêlés d'autre part à des héroïsmes et à des énergies, de les mettre en œuvre par un roman, *le Conquérant*, dont plusieurs silhouettes s'annoncent déjà, s'amorcent, si l'on peut dire, dans *Gens de guerre au Maroc*.

Mais aux amateurs de notations directes, dépouillées de toute verve imaginative, *Gens de guerre au Maroc* offre un morceau de choix. La beauté, la justesse des descriptions, tour à tour poussées avec vigueur ou alanguies de rêve, de charme, traversées de frissons subtils, ont enchanté tous ceux qui les ont lues. Les ouvrages, les ouvrages de maîtres, abondent sur ces pays de féerique lumière. Sitôt qu'on y pense, les pages de Loti et de Fromentin, pour ne prononcer que deux noms très célèbres, se lèvent dans les mémoires et rendent sévères pour les audacieux qui se résolvent à marcher sur leurs traces. Tout en gardant son accent propre, bien à lui, Nolly procède, je trouve, tantôt de l'un, tantôt de l'autre de ces deux inimitables devanciers qu'il est si difficile, je ne dis pas de surpasser, bien entendu, mais de jamais égaler.

Comme eux, il a vu la dune rougeâtre aux contours tremblants dans l'air qui vibre et brûle, les roches rutilantes sous le poudroiement d'or du soleil en fusion, les cités éclatantes, aux toits plats en terrasse, tentatrices pour qui les aperçoit au loin en cheminant dans la fournaise de sable et contemple, ébloui, la ceinture de leurs murailles aux tons chatoyants et les minarets de leurs mosquées, envie leurs ruelles fraîches, pleines d'hommes et d'animaux grouillant, criant, se bousculant devant les marchands graves assis, impassibles, dans leurs niches.

Comme eux, il a décrit des jardins enchantés où, étendu sous les végétations folles, sous les arbres en fleur, l'on écoute, béat, le bruit de l'eau qui coule dans les vasques. Comme eux il a tressailli à ces musiques étranges qui s'élèvent soudain, un soir, dans un quartier écarté de ville arabe, derrière des cloisons impénétrables à l'Européen, au *roumi;* comme eux, il a été ému par ces chants bizarres en qui toute la douleur humaine semble enclose et qui s'exhalent dans la nuit au ronflement étouffé des tambourins, aux trilles discrets des flûtes.

Cependant, il ne s'est pas borné là. Si captivantes, si aiguës que nous paraissent ses sensations d'œil et d'oreille, nous nous attachons davantage à ses sensations de soldat, lorsqu'il nous fait par exemple suivre avec lui les marches, une après-midi de sirocco, alors que la colonne, râlant de soif, pliant sous le poids du « barda », la chair meurtrie par les cuirs racornis des courroies et des chaussures, poursuit néanmoins sa route dans une chaleur d'étuve ; lorsque, dans l'obscurité, nous partageons les subites alertes ; lorsqu'il nous rend si exactement la psychologie de l'homme et de l'officier pendant le combat, passage qu'il faut retenir parce qu'il diffère d'une façon notable des tirades conventionnelles dont véritablement on abuse :

Au feu comme pendant la marche, la bête domine, et le cerveau obéit à ses suggestions. Les anxiétés sont d'ordre essentiellement physique, et c'est plus tard seulement, l'esprit redevenant le maître, que leur mesquinerie étonne et déconcerte. Durant l'action, elles règnent despotiquement, uniquement. Il ne subsiste chez le combattant, et particulièrement chez le fantassin, que des réflexes professionnels et ces obsessions de la soif, de la faim, de la fatigue. Le danger, la gloire, qui s'en occupe?

Et pourtant, qui mieux que Nolly a connu le troupier, lui a rendu hommage? Qui a mieux su le dessiner d'un trait sûr, profond, pittoresque, caractéristique? Chasseur d'Afrique, goumier, spahi, lignard, légionnaire, colonial, tirailleur, convoyeur kabyle, tringlot, il a fixé chacun d'eux sur les feuillets de son journal de marche, non seulement avec la silhouette, le maintien, la mentalité qu'il tient de sa race, mais encore avec les empreintes qu'il a reçues, dans l'arme où il sert, des officiers qui ont présidé à son éducation, à sa formation militaire. Tout le long de son œuvre, de Hiên le Maboul, Annamite, au Sénégalais Samba Dialo, Nolly s'est constamment appliqué à éclairer cette action du chef sur les subordonnés, à en montrer des exemples typiques, principalement en ce qui concerne les troupes indigènes. « Français bien connaître manière », lui déclare un jour son ordonnance, le Sénégalais Samba Dialo, soudain illuminé, émerveillé par la compréhension de cette aptitude qu'ont nos compatriotes à tirer des troupes solides, et souvent incomparables, des diverses régions du globe où se trouvent nos colonies. Mais Nolly a également salué d'un éclatant témoignage le soldat de notre pays, dont nul autre, proclame-t-il, ne surpasse les qualités. Mesurant la tâche accomplie par les *Gens de guerre au Maroc,* il s'écrie :

« A ceux qui ne savent pas ce que vaut l'épée de la France, parce qu'ils ne l'ont jamais vue frapper de la pointe et du tranchant, à ceux qui doutent, nous disons, nous qui avons *vu,* nous qui sommes *sûrs :* Ayez confiance ! L'arme que vous nous avez remise, nous l'avons éprouvée;

nous nous portons garants de sa précellence... Un jour, elle fera merveille, pour que demeure éternelle la patrie du Beau et du Bien. Haut les cœurs! »

*
* *

Haut les cœurs! Tel est le principe du roman que Nolly publia dans le *Figaro*, après avoir remporté un vif, un franc succès avec son livre *Gens de guerre au Maroc*. Ce nouvel ouvrage s'appela d'abord *A plein cœur;* puis, paru en volume, il s'intitula *le Chemin de la Victoire*. Il portait en épigraphe une éloquente exhortation du vicomte E.-M. de Vogüé, généreux, fécond penseur, ardent à ranimer les énergies défaillantes, dans l'œuvre de qui tant de coloniaux, — et non des moindres, — se plaisent souvent à chercher des directives :

Singulier conseil, et bien inutile, ce semble, à donner aux hommes : Vivre! Pourtant, c'est celui qu'il faut répéter aux enfants quand nous les assemblons pour leur communiquer le dernier mot de notre sagesse : « Vivez, vivez à plein cœur; ce jeu ne va pas sans dangers, sans erreurs, sans souffrances; mais tout est moins funeste que la peur de la vie, le sombre mal des siècles de décadence. »

Le sujet du *Chemin de la Victoire* se résume en quelques lignes. Pierre Jarrier, jeune sous-lieutenant d'infanterie coloniale, dès son début dans la vie militaire, influencé par des lectures mal digérées, est rebuté par l'existence de garnison qu'il mène. Il veut quitter le service. Peut-être même n'a-t-il pas cette velléité; il n'en a aucune; il n'a que des dégoûts. Par-dessus tout il éprouve l'horreur de l'effort. Désigné pour la Cochinchine, contraint de se mettre à la tâche, une mentalité nouvelle s'élabore en lui et la beauté de l'*Œuvre,* de l'œuvre entreprise par ses anciens et par ses camarades, lui apparaît. Aidé des excellents conseils que lui prodigue l'un de ses aînés, le lieutenant Louis Chambert, il devient un véri table officier et un homme. Entre temps, il lui arrive des aventures sentimentales quelconques. Bientôt il se fiance à une charmante orpheline, Alice Delorme, mais, à ce moment précis, un nouvel ordre l'expédie au Tonkin où il est grièvement blessé dans un combat contre les pirates. Fort heureusement il ne meurt pas. Il reçoit la croix de la Légion d'honneur et se marie avec Alice Delorme. Tout finit pour le mieux dans le meilleur des mondes.

Ce dénouement d'une souriante aménité surprend, déconcerte par son aménité même, surtout quand on l'oppose à la philosophie des premiers romans de Nolly. Vraisemblablement, séduit par la vertu de l'énergie, il a voulu cette fois prôner la splendeur de l'effort, crier la noblesse du métier des armes, spécialement celle du rôle de l'officier colonial, à de jeunes générations qu'il sentait menacées par l'appât d'une existence facile exigeant le minimum de travail et promettant le maximum de plaisir. Soucieux d'attirer des disciples dans une carrière qu'il aimait, il était de ceux qui suivaient, angoissés, attentifs, la diminution inquiétante du nombre des candidats à nos écoles militaires. Si l'on veut sainement apprécier combien ses appréhensions étaient fondées il suffit de lire les conseils donnés jusqu'à la veille de la guerre actuelle par des maîtres distingués à des élèves cherchant une direction pour la vie. Trop souvent ces conseils étaient nettement défavorables aux carrières militaires. M. Villey, professeur à la Faculté des lettres de Caen, a publié à cet égard des pages bien suggestives d'une haute, d'une vaillante franchise (1). Nolly, déterminé à réagir

(1) Voir le *Correspondant* du 10 septembre 1915. « Un examen de conscience. La France et la Pensée

contre un courant qu'il voyait clairement s'étendre, a pris le parti, dans *le Chemin de la Victoire,* de montrer une réussite, croyant par là gagner plus d'adeptes à sa cause. Je ne sais s'il persuade très complètement son lecteur de ce qu'il veut lui donner à entendre. Il peut arriver, cela s'est vu, que les efforts opiniâtres d'un officier ne soient pas couronnés par le succès. Le contraire se voit aussi, heureusement, comme dans *le Chemin de la Victoire.* Néanmoins, la beauté supérieure de la vocation militaire ne réside pas dans le succès plus ou moins complet de celui qui s'abandonne à ses hasards. Elle apparaît surtout dans celui qui, n'étant pas récompensé selon ses mérites, persévère dans son état, y demeure attaché et, en dépit de ses amertumes secrètes, continue ses services avec le même inlassable dévouement. Telle est

pacifiste », par P. Villey, professeur à la Faculté des lettres de Caen.

la leçon immortelle que Vigny a tirée du capitaine Renaud, l'officier à la canne de jonc, de *Servitude et Grandeur militaires*. Nolly a visiblement hésité devant cette morale stoïque, qui est la vraie, et qu'il connaissait bien pourtant. Sans doute il jugeait avec raison qu'elle serait peu goûtée par la majorité des lecteurs, à l'époque où il écrivait. Le présent est héroïque non seulement dans ce qu'on sait, mais souvent aussi dans ce qu'on ne sait pas. La mentalité naturelle, le tempérament foncier de la France ont de nouveau surgi. L'avenir saura, du moins il faut l'espérer, dégager ces exemples et les méditer comme il convient. Mais il y a deux ou trois ans, ne l'oublions pas, la situation des auteurs était tout autre. Nolly s'est adapté tant bien que mal à une ambiance qu'il subissait, sans en partager ni les erreurs ni les illusions.

Les critiques, qui avaient généralement

observé un discret silence sur les premiers romans de Nolly, élevèrent la voix quand parut *le Chemin de la Victoire,* et, la plupart, sans indulgence. Négligeant les idées généreuses, utiles, qui communiquaient un intérêt réel à cette œuvre, ils s'attardèrent à souligner des négligences d'écriture, évidemment fâcheuses, mais qui n'ôtaient à l'ouvrage ni sa valeur, ni sa signification.

L'un de ces critiques tenait Nolly pour un romancier incapable. *Hiên le Maboul* et *la Barque annamite* répondent à cette assertion hâtive. Un autre se gaussait, non sans esprit d'ailleurs, du besoin d'apostolat qui incitait les officiers à écrire, parfois si incorrectement. De plus, leur idéalisme lui semblait tout particulièrement plaisant. Ce dernier critique doit moins sourire de cela aujourd'hui. Comme tout le monde, mieux, j'en suis convaincu, que tout le monde, mis en présence des événements, il s'est pénétré de la nécessité de certaines idées, et sans nul doute, à cette heure, il sait gré à ceux qui les professèrent, ces idées, qui les proclamèrent, quand elles n'étaient pas encore à la mode. Si, selon une opinion assez admise, les idées mènent le monde ou tout au moins contribuent à sa marche, il ne saurait être indifférent ni déplacé que, de temps à autre, les officiers écrivent.

Les amis de Nolly eux-mêmes doivent reconnaître cependant, avec la sincérité qui est la marque de la véritable affection, qu'au *Chemin de la Victoire* manque le fini harmonieux, la langue sûre et musicale de *la Barque annamite,* cette sorte de chef-d'œuvre. J'y reviens. Il faut me pardonner. Il y a dans *le Chemin de la Victoire* quelque chose de hâtif, d'entassé, de mal dégrossi. La faute est moins imputable à l'auteur qu'à son temps. De nos jours, dès qu'un auteur voit luire le succès sur son nom, il lui faut produire, produire encore, produire à tout prix, fournir ce que j'appellerai « le livre par an ». Rien n'est plus nuisible à l'art, qui demande, qui exige du soin, de la réflexion et de la lenteur dans le travail. A ce point de vue la vogue si méritée de *Gens de guerre au Maroc* exerça sur le talent de Nolly une mauvaise influence. Peut-être aussi, averti par le pressentiment mystérieux que j'ai connu chez tant de soldats approchant de leur terme, sentait-il que les jours lui étaient déjà comptés. Il voulut semer au plus vite les idées qui le tourmentaient et ne trouva plus le loisir de modeler, autant qu'il eût désiré, leur forme.

*
* *

Les mêmes remarques peuvent s'appliquer, en somme, à la dernière œuvre de

Nolly, *le Conquérant,* dont j'ai brièvement indiqué plus haut les lignes principales. Un critique impartial y relèverait des idées intéressantes, des observations justes, pittoresques, mêlées à des banalités, à des mollesses de structure, à un laisser-aller facile dans la conception et dans l'expression qui laissent le lecteur sous une impression incomplète. Mais, pour moi, ainsi que je l'avais annoncé en commençant du reste, je ne me suis pas soucié d'agir en critique. Je connaissais, j'aimais le capitaine Détanger. J'admirais profondément Nolly. Sa mort augmente les sentiments que j'éprouvais pour lui. Elle rehausse également la portée de son œuvre. Le colonel Péroz, vétéran de notre épopée coloniale, rédigeant dans la retraite, après seize campagnes de guerre, l'origine de son premier départ, ne pouvait s'empêcher de sourire quand il évoquait Louis Veuillot, qui, commodément assis dans son fauteuil, lui avait prêché les aventures et lui avait ouvert cette route incertaine. Ce sourire, les futurs lecteurs de Nolly, — ils seront nombreux, je l'espère, — n'auront pas à le réprimer. Le capitaine Détanger n'est pas une victime du hasard aveugle des combats. Entre toutes les vies, entre toutes les morts, il avait élu celles-là par un libre choix de sa volonté, de son cœur. Elles lui ont été accordées. Son titre le plus indiscutable à l'attention de l'avenir demeurera non pas seulement d'avoir écrit une belle œuvre, mais de l'avoir vécue, d'avoir été réellement l'homme de son œuvre.

(*Revue des Deux Mondes*, 15 octobre 1915.)

LES LEÇONS

DU

BAILLI DE SUFFREN

LES LEÇONS

DU

BAILLI DE SUFFREN

Hier, 28 novembre 1913, mon distingué confrère, M. André Beaunier, a rendu compte de la séance de l'Académie française et dit, on ne peut mieux, les mérites du rapport de M. Étienne Lamy. Je n'y veux pas revenir. Mais je veux rapporter une remarque et un regret que l'aimable et éminent secrétaire perpétuel me confiait il y a peu de jours. La remarque portait sur le grand nombre d'ouvrages traitant d'histoire militaire cette année. Le regret s'attachait aux lauréats dont, faute de temps, le rapporteur ne pourrait pas parler. Parmi ces sacrifiés, les lecteurs du *Figaro* me permettront-ils de leur signaler M. le lieutenant de vaisseau Castex, auteur de remarquables études sur le bailli de Suffren?

M. le lieutenant de vaisseau Castex ne prétend pas seulement faire œuvre d'archiviste, d'érudit, d'écrivain. Il entend aboutir à un résultat actuel et pratique, et s'il arrache des documents au passé, c'est qu'il veut des enseignements pour l'avenir. Lui-même, dans une préface, définit ainsi son but : « Ce qui nous intéresse dans l'histoire, nous marins, c'est moins l'histoire intrinsèque, l'énumération des faits, des épisodes, des anecdotes que les leçons que nous devons en tirer en ce qui a trait à l'organisation générale, au moral, à la stratégie, à la tactique, aux grands principes d'exactitude et d'application éternelles ». Au moment où la France effectue un effort naval considérable, et où il importe de ne pas se tromper sur le sens de cet effort, tout contribuable peut tenter de s'intéresser à de semblables études, surtout quand elles sont rédigées avec autant de clarté que de brillante séduction et qu'elles confirment, au moins dans les grandes lignes, une doctrine navale unanimement admise aujourd'hui par les spécialistes, mais qui n'a peut-être pas encore suffisamment pénétré jusqu'au public.

* * *

Le livre de M. Castex couronné par l'Académie française, celui dont il s'agit ici, *De Ruyter à Suffren, les idées militaires de la marine au dix-huitième siècle,* a déjà conquis les suffrages des marins ; mais un ensemble de qualités attachantes, rarement réunies, peut, doit propager ce volume au delà d'un cercle trop restreint de lecteurs primitivement désignés par leur profession même. Merveilleux privilège, ces pages, traitant de questions austères, possèdent l'attrait du roman, et si puissante est la fascination du spectacle qu'elles nous présentent que nous leur pardonnons volontiers leur apparente aridité. Notre peine s'efface devant la qualité de notre émotion et l'utilité de nos réflexions. Mais quel est ce spectacle ? C'est celui, toujours tragique, toujours passionnant, d'un héros génial en conflit avec son époque qui le comprend tardivement, mal, le sert à contre-cœur, et aux inspirations sublimes de l'esprit oppose la passivité inexorable des habitudes et des routines. Suffren se présente à nous en héros par le courage, l'étonnante, l'impétueuse audace unie à la plus prompte, à la plus profonde réflexion ;

il nous séduit par sa bonté pour les humbles, son ambition de gloire, son patriotisme, enfin et surtout par sa conception nouvelle de la stratégie et de la tactique navales, conception qui, en dépit des malchances du sort, de la perspicacité trop lente de ses supérieurs, des maladresses de ses subalternes, finit par faire de lui un vainqueur, le Napoléon de la mer, le précurseur, le maître trop obscur de Nelson, celui dont l'amiral américain Mahan a voulu placer le portrait au seuil du célèbre livre : *l'Influence de la puissance navale dans l'histoire*.

La conception stratégique de Suffren tend à la maîtrise de la mer par la destruction de l'armée flottante adverse pour laquelle il néglige les objectifs commerciaux ou géographiques qui lui sont assignés par la lettre de ses instructions. Il protège la colonie du Cap d'une attaque anglaise en se ruant, avec une décision, une fureur inouïes, sur l'escadre du commodore Johnston à la Praïa, au Sénégal, à des centaines de lieues de la place qu'il doit garder. Il couvre l'île de France, défend victorieusement l'Inde en prenant au large la supériorité sur l'escadre de l'amiral Hughes.

La conception tactique du bailli vise à une offensive vigoureuse, ne s'attarde jamais à des formations rigides et savantes et se propose en manœuvrant d'écraser la ligne ennemie entre deux feux. Pour apprécier pleinement l'originalité, le mérite de ces méthodes, il en faut lire le détail dans l'ouvrage de M. Castex et y apprendre combien elles étaient opposées à l'esprit des marins du dix-huitième siècle voués à la défensive, aux lignes de navires cherchant à s'éviter, à se canonner de loin, à se prendre des convois marchands ou des positions côtières réputées bonnes et fortes par elles-mêmes.

Le Père Hoste, ancien aumônier de Tourville, continué par de nombreux imitateurs, avait publié un traité où étaient formulés les recettes de la victoire, les mouvements qui devaient infailliblement y conduire et dont il n'était pas permis de s'écarter. On se souciait avant tout de former la ligne, puis de la garder à travers les diverses péripéties du combat. D'Estaing écrivait : « On n'a besoin ni de prévoir, ni de deviner; la route de chaque navire est connue, *le ballet est dessiné,* et s'il n'arrive point de saute de vent ou quelque autre événement nautique, la chose ira passablement bien. » La bataille navale était réglée comme un quadrille dans un bal. Cependant l'Académie de marine poursuivait de savants travaux, écoutait des mémoires sur l'astronomie, les mathématiques, la botanique, la médecine, la gynécologie, et, doctement assemblée, délibérait sur les morsures des congres ou sur « une femme de l'île Maurice accouchée de quatre chiens dogues ». Dans le relevé consciencieux qu'il a tenté des sujets traités à l'Académie de marine, M. Castex n'a trouvé que deux rapports relatifs à la tactique navale ; il y en a également deux sur l'agriculture. La tactique était un sujet dont on n'abusait pas à l'Académie. A quoi bon? auraient répondu les honorables membres de cette compagnie, puisque la tactique était parfaitement établie et hors de discussion.

Au moment de la guerre de Sept ans, les académiciens se levèrent de leurs fauteuils pour monter à bord de leurs navires. Ils y déployèrent un incontestable courage personnel, mais « les plus notoires assistèrent à l'effondrement de notre puissance navale. Aux Cardinaux, Chézac était capitaine de pavillon de M. de Conflans sur le *Soleil-Royal;* Morogues commandait le *Magnifique;* Villars de la Brosse, le *Glo-*

rieux. Ils purent là, en quelques heures, faire provision d'enseignements, apprécier la valeur de la force organisée, la chimère de vouloir éviter le combat, la toute-puissance de l'offensive... »

Du livre de M. le lieutenant de vaisseau Castex ressort, taillée avec un incomparable relief, la personnalité originale et puissante de Suffren. Son tempérament physique, moral, sa psychologie, sa formation d'esprit y sont curieusement étudiés. C'est une des parties les plus captivantes et les mieux réussies de l'ouvrage, au moins pour le lecteur profane, et même peut-être aussi pour le marin. L'un des traits caractéristiques que l'auteur note chez son héros, en plus de l'impétueuse bravoure, du jugement, de la décision prompte et autoritaire, de l'amour effréné de la gloire, c'est l'imagination. « Suffren est un imaginatif... avant chacun de ses combats, il le voit terminé à son avantage, comme il le désire, et ce spectacle irréel, évoqué brusquement, est pour beaucoup dans la décision souvent très osée qu'il prend, comme par exemple à la Praïa. » Mais, ne l'oublions pas, de l'étude du brillant lieutenant de vaisseau doivent se dégager des leçons pratiques pour la marine de notre époque. Et ces conclusions, il n'a garde de les omettre. On peut les résumer très sommairement ainsi : répartition des forces navales en une puissante masse offensive, manœuvrière, capable de s'assurer la maîtrise de la mer au point où elle se trouve et protégeant les côtes par la destruction de l'armée flottante adverse.

En tactique, aucune figure géométrique, aucune formule théorique de cabinet, aucun procédé infaillible n'assurent la victoire. L'art de vaincre ne comporte pas de solutions toutes faites par avance, à tête reposée. Une escadre doit se composer de groupes librement articulés, résolument animés de l'esprit offensif et reliés entre eux par le dessein préalablement connu du chef, de façon à opérer au moment voulu une concentration de forces sur un point de l'ennemi. Retenons encore une dernière remarque de son ouvrage, d'autant plus précieuse qu'elle s'oppose à une façon de voir actuellement très répandue et sans doute erronée :

« L'esprit exclusivement scientifique à lui seul ne suffit pas à résoudre les problèmes de guerre. Peut-être y a-t-il lieu de le réserver aux techniciens et de ne pas le développer à outrance, au détriment d'autres études, chez des praticiens appelés à solutionner des drames qui ne se mettent pas en équation. » La phrase acquiert un prix particulier sous la plume d'un mathématicien d'élite, entré à l'École navale comme il en est sorti, le premier de sa promotion.

*
* *

Voici imparfaitement, autant que possible brièvement résumé, le livre de M. Castex. Je m'estimerais heureux si quelque chose de son profond, de son utile attrait avait pu passer dans ces lignes et pouvait suggérer à de bons esprits l'idée d'en prendre une connaissance plus complète. La lecture, je le répète, en est attachante au premier chef. Tout au plus, en terminant, laisserai-je percer, afin de demeurer strictement sincère, un léger regret, presque un reproche. Je m'étonne que dans ce volume où sont si minutieusement examinées les diverses influences qui se sont agitées autour de Suffren, nulle part il ne soit fait mention de Malte.

Suffren fut chevalier, puis bailli de

l'Ordre de Malte. Il séjourna dans cette île, combattit et navigua sur les vaisseaux de l'Ordre. Or, Malte était par excellence une école d'offensive, hardie, vigoureuse, d'offensive à outrance et à perpétuité. Les chevaliers avaient pour objectif de détruire l'ennemi flottant, l'Infidèle, d'en purger les mers, et ils accomplissaient consciencieusement, il faut en convenir, leur besogne. Dans leurs annales, plusieurs sont blâmés ou punis pour ne pas s'être engagés à fond. Il est impossible que Suffren, pendant ses années d'apprentissage, n'ait pas recueilli là quelque chose de cet esprit, de cette tradition si nettement offensifs. Qu'on n'objecte pas trop qu'au dix-huitième siècle l'ordre de Malte inclinait vers la décadence. Je feuilletais encore l'autre jour, à la Bibliothèque nationale, un manuscrit relatant les caravanes du bailli de Chambray. Il contient encore de beaux combats et il date de 1732. Environ quinze ans après, le jeune Suffren a pu connaître des chevaliers ayant accompli ces caravanes ou d'autres analogues. Il est, à mon sens, invraisemblable qu'il n'ait pas gardé une empreinte de ces exemples dans l'esprit. M. Castex explique « le mystère de la réaction suffrénienne » en partie par la lecture que Suffren faisait assidûment des batailles de Ruyter. Je retiens le renseignement qui est fort curieux, mais j'aurais aimé quelques mots sur les grands Chevaliers Rouges. D'autant mieux que l'érudit historien de la marine française, M. de La Roncière, nous avertit que les règlements de la marine de Louis XIII, qui présidèrent à de si beaux, à de si rudes combats, furent rédigés par Amador de La Porte, grand prieur de l'ordre de Saint-Jean de Jérusalem, en s'inspirant du règlement hollandais et de celui de Malte. Mais c'est là une querelle d'importance secondaire, je le reconnais bien volontiers.

L'essentiel, c'est qu'un monument, somme toute remarquable, impressionnant, ait été élevé à la saine doctrine navale et au grand Bailli qui, embarqué à quatorze ans et lesté de peu d'études, ne fut jamais de l'Académie de marine, n'y prétendit même pas, ce dont, à vrai dire, messieurs de l'Académie française, en décernant leurs récompenses, n'ont témoigné de rancune ni à lui, ni à son apologiste.

(*Figaro,* 29 novembre 1913.)

L'AMIRAL GERMINET

L'AMIRAL GERMINET

Le 15 septembre 1911 marquera une date pour la marine française. Cette date sera le passage au cadre de réserve du vice-amiral Germinet.

Ces termes peuvent sembler excessifs ; toutefois, je suis convaincu qu'ils n'apparaîtront point tels à la plupart des marins : ceux-ci savent le rôle joué, durant ces dernières années, par celui qui s'en va et l'influence qu'il a exercée sur le mouvement en train de régénérer notre marine et de mieux l'approprier aux conditions du combat moderne.

Depuis l'amiral Gervais, aucune personnalité maritime n'avait dominé de si haut, n'avait rendu plus de services, n'avait fait subir à ses subordonnés un aussi irrésistible prestige, n'avait mieux su les soulever au-dessus d'eux-mêmes, provoquer les initiatives, briser les routines, utiliser les enthousiasmes, marcher hardiment dans des voies nouvelles. Il serait bien osé, mais bien passionnant, de comparer entre elles ces deux puissantes physionomies de chefs; l'une nerveuse, facilement contractée, impulsive; l'autre, d'un calme étudié, imperturbable, impénétrable. Toutes deux réfléchissent une immense volonté, une obstination têtue, une incomparable audace.

Comme un paradoxe du physique avec le moral, tandis que la première se plaît volontiers aux conceptions savantes, aux tactiques compliquées, aux exercices d'une sorte de « manège naval », la seconde ne se fie qu'aux actions simples, directes, poussées à fond, mais d'une ordonnance facile, boude d'instinct tout ce qui est complexe, théorique, livresque, aime à rappeler les vérités premières, les « truismes » qu'on oublie, professe que, pour vaincre, il faut des moyens élémentaires, vieux comme le monde, vieux comme la guerre, et que la victoire reste acquise plutôt à la supériorité et à la vigueur de l'exécution qu'à la nouveauté, à l'ingéniosité de la conception.

Les deux figures s'assombrissent enfin de la même tristesse : l'occasion d'éprouver pour de bon leur doctrine de guerre leur a manqué.

C'est Claude Bernard, je crois, qui a dit : « Ceux qui sèment ne sont pas destinés à recueillir la moisson. » Admirable parole qui peut s'appliquer à la destinée laborieuse, féconde, mais incomplète, de ces deux grands hommes de mer dont chacun fut magnifiquement, quoique diversement, doué.

*
* *

L'amiral Gervais du moins, parvenu jeune au rang suprême, exerça longtemps une influence sur notre organisation navale ; mêlé à une négociation diplomatique de premier ordre, elle lui valut d'emblée près du pays, autant sinon plus que son énorme effort technique, la notoriété, le crédit, l'autorité incontestés. Pareille faveur ne fut pas réservée à l'amiral Germinet. Jusqu'à ces toutes dernières années son nom n'évoquait rien de spécial pour l'immense majorité du public. Certes sa haute silhouette élégante, sa figure rasée si caractéristique, son perçant œil bleu n'étaient pas inconnus des Parisiens. Beaucoup se le rappelaient officier d'ordonnance à l'Élysée, distingué, spirituel, volontiers caustique à l'occasion, quoique d'apparence habituellement froide, raffiné dans sa mise, dans ses goûts, et l'on disait que les attraits du boulevard ne l'effrayaient point.

Ce que le boulevard savait moins, c'était sa longue et laborieuse carrière. Elle commençait au Mexique, se poursuivait par un brillant fait d'armes en 1871 contre la Commune, se continuait à Madagascar, dans la mer Rouge, dans le Pacifique. Dans cette carrière les plus hostiles étaient forcés de reconnaître un manœuvrier supérieurement audacieux, énergique, habile, jamais déconcerté par les circonstances. Mais cet homme de haute mine, d'une excessive indépendance de caractère, froid et fier, exigeant et correct, n'avait rien qui dût plaire aux dirigeants d'une démocratie.

Pour eux, il restait l'ancien aide de camp du président Faure et de l'amiral Duperré.

En 1902, le commandant Germinet, en

dépit de nombreuses années de mer, de pénibles campagnes, de beaux états de service, était encore capitaine de vaisseau. Et là semblait devoir s'arrêter sa carrière, comme celle de tant d'autres officiers éminents, que des influences étrangères à la marine empêchèrent d'aller plus loin, officiers dont la France ne connut pas l'entière mesure. Un heureux hasard, et même, on peut le dire, un invraisemblable bonheur préserva le commandant Germinet de ce sort. Chef d'état-major de l'amiral Roustan dans la division de la Baltique qui portait le président Loubet à Cronstadt, il fut remarqué à nouveau par le tsar qui l'avait déjà distingué plusieurs années auparavant, lorsqu'il avait, en qualité de commandant du *Pothuau*, conduit Félix Faure en Russie.

L'empereur s'étonna qu'on fît marquer le pas à un tel officier. Le commandant Germinet fut nommé contre-amiral en revenant. Il était temps. Quelques semaines plus tard, M. Pelletan arrivait au ministère de la marine, et il n'est pas interdit de penser que sous ce proconsulat, malgré toutes les sympathies impériales de la terre ou même précisément à cause d'elles, le commandant Germinet ne fût point arrivé au grade auquel lui donnaient droit dès longtemps ses éminents services.

Devenu contre-amiral, il poursuit sa tâche, utile et obscure. Dès 1904, major-général à Brest, il signale dans ses rapports l'insuffisance de nos approvisionnements en munitions de combat. Ces rapports restent lettre morte. Une fois de plus l'amiral Germinet approchait de la retraite, sans que l'occasion de déployer ses magnifiques facultés lui eût été accordée, quand soudain, deux événements survinrent qui devaient placer sa figure en plein relief.

On se souvient encore, sans doute, de l'épouvantable catastrophe de l'*Iéna,* due à l'inflammation spontanée des poudres. Ce fut l'amiral Germinet qui présida et conduisit l'enquête, et si magistralement, avec tant de caractère, d'habileté, que la marine sentit là le chef dont elle avait besoin et, d'instinct, se serra autour de lui. Nommé vice-amiral, puis peu de temps après au commandement de l'escadre de la Méditerranée, l'amiral Germinet était appelé, lui dit à cette époque le Président de la République, par le vœu de la marine tout entière.

Une popularité générale l'accueillit. Lui-même, parvenu au sommet de la hiérarchie, s'était départi de cette hautaine froideur qui, en d'autres temps, avait pu éloigner ses subalternes. Particulièrement il affichait une grande bienveillance pour les jeunes, dont il était l'idole. Ce chef, que certains leur avaient dépeint comme un suppôt de la marine d'autrefois, réfractaire au progrès, indifférent à la science et aux inventions modernes, au contraire se révélait à eux merveilleusement enclin à toutes les expériences nouvelles auxquelles invitaient les tragiques et récentes leçons de la guerre russo-japonaise. Se plaçant autant que possible dans les conditions réelles de la guerre et les prenant pour bases de tous les exercices, il donna à ceux-ci une intensité et un intérêt dont on était déshabitué.

Son expérience, silencieusement accumulée dans les postes divers de sa carrière lente et variée, s'épanouissait dans sa plénitude. A vrai dire, il pouvait être moins instruit, moins encombré de théorie livresque que tel ou tel de ses collègues, mais précisément à cause de cela il était plus indépendant vis-à-vis des systèmes d'école. Son esprit clair, juste, doué d'une intuition extraordinaire et d'une prompte assimilation, savait merveilleusement choisir ses collaborateurs, se servir d'eux, tour à tour les diriger et leur laisser l'initiative des idées, puis leur abandonner l'exécution des détails. Sous son impulsion, l'escadre de la Méditerranée retrouva l'activité et l'enthousiasme qu'elle avait connus jadis, au temps de l'amiral Gervais. Le service à bord fut réorganisé; tout le personnel utilisé prit intérêt à sa tâche. Le tir, reconnu le principal moyen de combat, fut enfin poussé comme il eût dû l'être depuis de longues années. L'escadre sortait et travaillait en mer du lundi au samedi. Du samedi au lundi, le repos et la plus entière liberté étaient accordés aux officiers et aux équipages.

Cette méthode, si elle comblait d'aise nos marins, n'enchantait pas les commerçants et hôteliers de Toulon. Faut-il croire, comme on l'a dit à l'époque, qu'assemblés dans une loge, ils votèrent la déchéance de l'amiral, qui n'eut qu'une voix pour lui, celle de son propre cuisinier? Quelle que soit la puissance de tels électeurs, on voudrait sourire et penser qu'ils ne disposent pas de la défense nationale. Toujours est-il, qu'à quelque temps de là, se plaça l'incident présent à toutes les mémoires et qui amena le retrait de l'amiral Germinet.

Depuis plus de quatre ans, ainsi que je l'ai dit, il signalait dans ses rapports l'insuffisance de nos munitions. Au ministère, les gens des bureaux faisaient la sourde oreille.

Un jour, à la Chambre, un député, M. Chaumet, s'enquiert, révèle l'effroyable danger couru par le pays. Des journalistes s'émeuvent, viennent demander à l'amiral confirmation des paroles prononcées. Il ne peut les démentir et M. Clemenceau le frappe pour « avoir manqué à la discipline ». Le vœu des aubergistes toulonnais était exaucé.

*
* *

Singulières énigmes de la destinée ! Un homme, exceptionnellement doué pour le commandement, possédant toutes les facultés, toutes les qualités du grand chef moderne, arrive tard, très tard, manquant plusieurs fois d'être arrêté ; il arrive, grâce à une série d'heureux hasards et à l'intervention d'un souverain étranger. Il exerce sa charge avec éclat, commence une lourde tâche, s'aperçoit que les plus indispensables outils lui manquent. Il le dit. On le brise en pleine œuvre, au détriment du pays. Mais l'œuvre de l'amiral Germinet n'a pas été brisée avec lui. J'imagine son contentement intime, son sursaut d'orgueil quand il a pu, l'autre jour, entendre le ministre de la marine proclamer que désormais nos soutes étaient pleines et que nos bâtiments iraient au combat sans légitimes inquiétudes. Le sacrifice de ses dernières, de ses tardives, de ses plus chères années de commandement n'a, du moins, pas été perdu pour la France.

Replacé quelques mois après, nommé membre du Conseil supérieur de la marine, inspecteur général des écoles, l'amiral Germinet n'a pas voulu se reposer dans ces postes voisins de la retraite et que d'autres auraient considérés comme des sinécures. Jusqu'au bout, il a travaillé. Son avis et ses idées ont influé fortement sur le plan de nos prochaines unités de combat. Par ses soins, grâce à son inspiration, parut ce décret de juin dernier sur le personnel qui va communiquer une vitalité nouvelle à des institutions surannées. Partout où il a passé, il a fait sentir sa main et imprimé un effort original.

On aimerait à voir ce grand serviteur du pays accompagné dans la retraite par une récompense particulière, le grand cordon de la Légion d'honneur ou la médaille militaire, quelque chose qui marquât la reconnaissance spéciale qu'on lui doit.

Les règlements, paraît-il, ne permettent pas de s'y attendre. Lui-même, étonné, modeste, sincère, me disait : « Pourquoi ? Non, ce n'est pas possible. Puis, voyez-vous, à défaut de grand cordon, j'emporte l'estime de beaucoup de braves gens. »

Ah! certes, comment ne l'emporterait-il pas? Il s'en va, jamais découragé, jamais dédommagé du coup injuste et cruel qui l'a frappé en plein essor; il s'en va jeune encore de physique, d'intelligence, de moral, en pleine possession de ses forces, et pour assurer notre sécurité à tous, il s'est oublié lui-même. On ne peut, en vérité, s'arracher sans chagrin à cette magnifique figure.

Ainsi peut-être, vous promenant près de la mer, avez-vous contemplé ces voiles lumineuses, incendiées par le soleil couchant et qui glissent sur l'arête tranchante de l'horizon? La dernière gloire du jour resplendit en elles. Le regard ne peut s'en détacher. Il voudrait les retenir, les suivre, les suivre encore... En vain. Déjà l'ombre du soir les ravit pour jamais.

(*Figaro*, 13 septembre 1911.)

FIN

TABLE

PARIS. TYP. PLON-NOURRIT ET Cie, 8, RUE GARANCIÈRE. 22216.

www.ingramcontent.com/pod-product-compliance
Ingram Content Group UK Ltd.
Pitfield, Milton Keynes, MK11 3LW, UK
UKHW022018170726
13837UKWH00001B/263

9 782329 478920